ÉDOUARD-D. LABESSE & H. PIERRET

NOTRE PAYS DE FRANCE

EN CHEMINANT

(AUVERGNE)

100 COMPOSITIONS

DE CLAIR GUYOT, L. MOUCHOT, TOUSSAINT ET BELICHON

Gravures de F. MÉAULLE et PETIT

PARIS
LIBRAIRIE DUCROCQ
55, RUE DE SEINE, 55

TOUS DROITS RÉSERVÉS

EN CHEMINANT

(AUVERGNE)

OUVRAGES DES MÊMES AUTEURS

PROMENADES BOTANIQUES DE TOUS LES MOIS

PROMENADES EN FORÊT

Collection de NOTRE PAYS DE FRANCE

LE ROI DU BINIOU

(BRETAGNE)

FLEUR DES ALPES

(SAVOIE)

ASNIÈRES, IMP. J. CHEVALLIER

ÉDOUARD-D. LABESSE & H. PIERRET

NOTRE PAYS DE FRANCE

EN CHEMINANT

(AUVERGNE)

100 COMPOSITIONS

DE CLAIR GUYOT, L. MOUCHOT, TOUSSAINT ET BELICHON

Gravures de F. MÉAULLE et PETIT

PARIS
LIBRAIRIE DUCROCQ
55, RUE DE LA SEINE, 55

TOUS DROITS RÉSERVÉS

CHAPITRE PREMIER

On s'était donné rendez-vous à la gare, naturellement.

Le bon M. Pagès, notre professeur, se promenait de long en large, sur le quai, la tête un peu penchée en avant, les mains croisées derrière le dos, dans une attitude familière aux hommes dont l'enfance a été bercée des derniers échos de l'épopée napoléonienne. Il accueillait, à mesure qu'ils se présentaient, les excursionnistes fidèles à la parole donnée, et les embarquait aussitôt.

Je dois à la vérité d'avouer que ces fidèles étaient peu nombreux, peut-être était-ce la faute de la pluie torrentielle qui battait les vitres, fouettée par un âpre vent d'ouest. Pour ce motif ou pour d'autres, au dernier « en voiture ! » du chef de train, nous étions six, au grand complet, comme dans la chanson : un vieux monsieur très grand, très gros, très chauve que nous avions surnommé l'homme-cours à cause de son assiduité à tous ceux qu'il pouvait suivre sans qu'il lui fut nécessaire de posséder le don d'ubiquité, deux jeunes gens timides dont un outrageusement myope, une jeune dame assez jolie, un petit gamin parisien excessivement distingué, tout blond, tout féminin, câlin de manières et de langage, avec je ne sais quoi de dur dans le pli de la lèvre inférieure quand il parlait, et de cynique au fond de ses yeux bleus, enfin, celui qui écrit ces lignes, style de préface, de profession de foi et d'autobiographie.

Le professeur ne comptait pas, étant l'élément obligé de l'excursion.

Il nous présenta les uns aux autres, nous échangeâmes des saluts, sans avoir entendu nos noms respectifs, et nous voilà roulant vers Clermont-Ferrand.

Jusqu'à la première station, silence accompagné de regards observateurs et furtifs.

Le vieux monsieur prise, la jeune dame regarde par la portière, le joli blondin visite son sac de voyage et grignote du chocolat, les deux jeunes gens tâtent, de temps en temps, la poche de côté de leur veston en regardant le vieux monsieur d'un air d'envie.

Heureux les priseurs ! La présence d'une femme ne saurait les intimider, ils n'ont pas même de permission à solliciter, ils sortent leur tabatière, frappent sur le couvercle, l'ouvrent, promènent, à la ronde, un regard interrogateur en murmurant : « En usez-vous ? » et tout est dit, ils sont libres de se bourrer le nez à leur aise de la poudre odorante.

Il n'en est pas de même des fumeurs, semblaient se dire les jeunes gens en caressant doucement leur porte-cigarettes.

— Melun, cinq minutes d'arrêt !

Comme le train commençait à s'ébranler, un voyageur bondit dans notre compartiment; c'était un beau garçon de vingt-cinq à trente ans, à la physionomie sympathique, à la mise élégante sans recherche aucune.

A peine se fut-il assis qu'il reconnut le vieux monsieur.

— Tiens ! fit-il, vous ici, et ou allez-vous ?

Le vieux monsieur expliqua que nous étions réunis pour faire, dans la France centrale, une excursion géologique, sous la direction du savant professeur M. Antoine Pagès, et que cette excursion avait pour objet l'examen des volcans éteints de l'Auvergne, les Puys comme on les appelle dans le pays.

Le survenant nous regarda et ne fit pas la faute de prendre nos jeunes barbes pour celle du professeur, ce fut bien celui-ci qu'il salua avec une déférence marquée.

— La géologie, une belle science ! reprit-il en s'adressant au vieux monsieur, une science qui parle de nos origines et peut ouvrir des vues sur l'avenir, une science qui, à côté de faits scientifiques acquis, laisse place à des hypothèses grandioses.

— Vous aimez beaucoup la géologie, à ce que je puis voir, interrompit M. Pagès ; c'est sans doute une étude à laquelle vous vous êtes adonné ?

— Moi ? Point du tout. Je ne sais rien apprendre dans les livres, et, n'ayant jamais eu le temps de suivre des cours, je suis absolument incapable d'étudier pratiquement la géologie dans la nature.

Je le regrette vivement, car sans cela...

— Sans cela ? demanda l'homme-cours.

— Parbleu ! j'irais avec vous, mais que pourriez-vous faire d'un profane comme moi.

— L'initier, dit la jeune dame avec un sourire à fossettes plein de charmes.

Le voyageur s'inclina.

Il était si parlant, si communicatif que je me mis à désirer de l'avoir pour compagnon de voyage, étant, en mon for intérieur, de l'avis de Töpfer d'après qui la première condition pour voyager agréablement, est d'avoir des compagnons alertes, robustes et de bonne humeur.

Le professeur et le vieux monsieur partageaient sans doute ces sentiments, car ils rivalisèrent de zèle pour entraîner le jeune homme.

La dame ne disait rien, elle se contentait de sourire de temps en temps, dans son coin.

Où allait le jeune homme ? personne ne le lui demanda, il ne nous le dit pas non plus. En tout cas, ce n'était pas à un rendez-vous important puisqu'il nous accompagna.

S'il n'était pas défendu de porter des jugements téméraires, je dirais que le doux sourire de la jeune dame et ses grands yeux—

étaient-ils noirs ou bleus ? — ne furent pas complètement sans influence sur la décision du voyageur.

En vérité, ces yeux étaient singuliers, ils paraissaient d'un noir de velours lorsque les cils les couvraient d'ombre, et quand on les regardait en pleine lumière, on les voyait s'éclairer d'un rayon bleu céleste. En même temps, le regard pensif, presque triste, devenait rieur et..... et ce n'est pas pour parler des yeux de Mlle Suzanne Pagès que j'ai pris la plume.

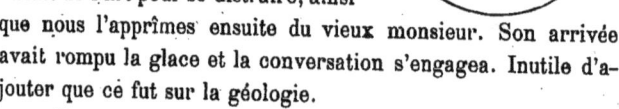

Le voyageur communicatif était tout simplement un garçon riche qui faisait de l'art pour se distraire, ainsi que nous l'apprîmes ensuite du vieux monsieur. Son arrivée avait rompu la glace et la conversation s'engagea. Inutile d'ajouter que ce fut sur la géologie.

— Je me figure parfois dans mes songeries, dit le voyageur communicatif — il s'appelait André Savenay, un nom devenu célèbre depuis, — je me figure que la Terre est un être ayant sa vie propre et son mode de développement, que, d'un état primitif, embryonnaire, si je puis m'exprimer ainsi, elle est devenue, après divers changements, l'astre que nous connaissons avec son enveloppe de gaz légers, sa parure de forêts, de lacs et de fleuves, avec ses malaises qui se traduisent par les éruptions volcaniques, les tremblements de terre, les tempêtes, le déplacement du bassin des mers, les destructions d'espèces vivantes.

Des rêves de ce genre doivent vous paraître fous, à vous, monsieur, qui possédez la sagesse que donne la science.

— Pas tant, monsieur, vous venez, sans vous en douter, d'exposer une théorie scientifique admise.

— Par tout le monde ?

— Non, pas par tout le monde. Du reste, qui dit théorie dit système discutable et discuté.

D'après celle dont nous parlons, la Terre aurait été amenée à sa condition présente par une série de changements successifs, de formations progressives. Elle aurait passé, comme vous le disiez tout à l'heure, d'un état primitif aussi informe que celui d'un germe, à l'état d'être parfait, ce qui impliquerait qu'elle arrivera un jour à la décrépitude et à la dissociation des éléments qui la composent, à ce que nous appelons la mort.

Elle aurait, comme l'animal, son type de structure externe et interne, ses systèmes spéciaux de conditions, de mouvements, de changements tant extérieurs qu'intérieurs.

Les êtres inorganisés et les êtres organisés ne formeraient plus qu'un seul règne, le règne du monde terrestre, et chacune des sphères qui roulent dans l'espace, aurait aussi son règne particulier.

Il découle naturellement de cette théorie que la science de la terre peut être divisée en quatre branches qui comprennent à peu près toutes les connaissances humaines.

— Ce serait bien vaste, fit le vieux monsieur, peu d'hommes en pourraient acquérir les notions élémentaires, et j'ose dire que pas un de nous ne pourrait l'approfondir, dût-il devenir centenaire et conserver ses facultés jusqu'à la fin de ses jours.

— Aussi la plupart des géologues sont-ils plus modestes. Ils assignent à la géologie des bornes plus restreintes en la définissant l'étude de la constitution physique du globe.

— C'est déjà bien assez, reprit le vieux monsieur, car pour

connaître la constitution physique du globe, il faut en étudier les différentes couches, examiner les changements qui s'y sont produits, rechercher les causes qui ont pu agir, et compléter par la paléontologie, c'est à dire par l'étude des êtres disparus. Oui, oui, c'est assez pour occuper la vie d'un homme.

Excusez-moi, cher maître, de vous avoir interrompu. Vous disiez que par suite de la théorie dont vous avez bien voulu nous entretenir tout à l'heure, la géologie serait divisée en quatre branches qui comprennent toute la science humaine. Oserai-je vous demander quelles sont ces quatre branches ?

— Osez, je me ferai un plaisir de vous répondre.

— Alors, j'ose.

— Et moi je réponds.

La géologie proprement dite traite de la Terre considérée en elle-même, au point de vue de son développement, de ses progrès, de ses conditions physiques telles que chaleur, humidité, etc., de ses progrès dans la vie.

La physiographie traite de l'arrangement final du globe, de sa configuration, des climats, du magnétisme, de la vie, du système de mouvements et de changements de la terre, c'est-à-dire des mouvements océaniques et atmosphériques, des périodes thermiques, magnétiques, et d'humidité, etc.

Ensuite vient l'étude de la Terre par rapport à l'homme, comprenant la géographie, la zoologie, la botanique, l'ethnographie et l'histoire, puisqu'elle comprend la distribution des races et des espèces utiles, ainsi que les changements des races et des nations.

Enfin, on étudie la Terre par rapport à l'univers, c'est-à-dire la cosmographie et l'astronomie.

Le vieux monsieur acheva l'énorme prise qu'il avait commencé à humer sur la définition de la géologie proprement dite, poussa un soupir de satisfaction suivi de hochements de tête et de oui, oui, oui ! affirmatifs.

— Il n'en est pas moins vrai, dit-il, qu'avec votre définition modeste, vous êtes bien forcés, vous aussi, messieurs, de vous occuper, au moins incidemment, de chimie, de zoologie, de botanique, de physique, de météorologie, d'ethnographie, etc., etc.

— Sans doute, mais au seul point de vue des phénomènes géologiques qui rentrent dans le domaine de ces sciences.

— Et, ajouta Savenay, vous n'êtes pas non plus sans vous interroger sur l'origine de la Terre.

— Oh ! répondit le professeur avec un sourire ; c'est là une question qu'on s'est posée de tous les temps.

Ouvrez n'importe quelle mythologie et vous y trouverez d'abord une réponse à ce sujet, réponse identique presque partout où la religion seule répond : Dieu créa. Et chose remarquable, dans beaucoup de livres religieux, notamment dans la Genèse, on trouve la création répartie en un nombre d'époques ou jours, en rapport avec les périodes géologiques reconnues par la science.

Depuis que cette dernière a été chargée de résoudre le grave problème de la naissance de la Terre, on a émis tant d'hypothèses qu'il faudrait plusieurs volumes pour les exposer ; il y en a beaucoup, dans le nombre, qui sont entièrement oubliées aujourd'hui.

La plus généralement admise est celle de notre illustre Laplace. Vous la connaissez certainement.

— Je la connais, répondit Savenay, c'est-à-dire que j'en ai entendu parler et que je m'en souviens vaguement. Seriez-vous assez bon monsieur, pour faire comme si je l'ignorais complètement ?

— Oui, oui, oui ! grommela le vieux monsieur, c'est bien cela, on apprend beaucoup de choses dans la jeunesse, et, faute de revoir ce qu'on a étudié, on finit par tout oublier. Oui, oui, oui ! J'en sais quelque chose ! Après cela, c'est le diable de s'y remettre.

L'hypothèse de Laplace, quelle force de génie il a fallu pour la concevoir !

En vérité, cher maître, vous seriez bien bon, comme dit André, de faire comme si nous ne la connaissions pas. J'espère que ces messieurs n'y verraient aucun inconvénient.

Il s'était tourné vers les deux jeunes gens timides et vers moi ; nous acquiesçâmes de la tête.

M. le vicomte Raoul d'Esteil, le gamin parisien, était entré en conversation réglée avec Mlle Suzanne à qui il offrait des bonbons, il ne manifesta aucune opinion favorable ou défavorable, de sorte que M. Pagès s'exécuta en ces termes :

— Si nous nous reportons à l'époque à laquelle il n'existait rien encore, sauf cette substance qui, d'après l'heureuse expression d'un savant, remplit les espaces dans lesquels il n'y a pas de substance, c'est-à-dire l'éther, il nous sera difficile de concevoir que l'éther fût alors en repos.

— Pardon, interrompit le vieux monsieur, comment a-t-on constaté la présence de l'éther ?

— Par ce fait que les vibrations lumineuses et les vibrations caloriques qui ne sauraient se propager dans le vide absolu, se propagent dans l'espace.

— Oui, oui, oui ! Vous nous avez dit cela dans une de vos leçons ! Je prends des notes, je me promets toujours de les rédiger pendant les vacances, et puis le temps passe, je ne les rédige pas et j'oublie tout, c'est le diable !

Encore une fois pardon de vous avoir arrêté.

Le professeur continua.

— Si l'éther était agité de mouvement, quelle était la nature de ce mouvement ?

Nous voyons que si l'on agite un liquide ou un fluide dans tous les sens, il arrive un moment où tous les mouvements se faisant équilibre, il ne tarde pas à s'établir un mouvement circulaire.

Donc, si l'éther infini était agité, il a dû s'y produire un mouvement circulaire autour d'un axe central.

Cette première supposition en entraîne une autre : bien qu'impondéré, l'éther ne doit pas être impondérable ; s'il est pondérable ses particules s'attirent, et il a dû se former sur certains points des centres d'attraction, ce qui a eu pour résultat d'agglomérer les infiniment petites particules de l'éther de manière à former le premier atome et s'il est vrai que la cause à laquelle est due la formation du premier atome soit une loi universelle, ce n'est pas un atome seul qui a été constitué c'est un nombre incommensurable d'atomes.

L'attraction s'exerçant en raison directe de la masse, les atomes se sont naturellement attirés plus fortement que les particules de l'éther, et des masses indécises, mal définies, comparables aux nuages légers qui flottent dans l'atmosphère, se sont peu à peu formées.

Nous observons encore actuellement des masses de cette nature, c'est ce que nous appelons des nébuleuses.

De même qu'il ne s'était pas formé qu'un seul atome, il ne s'est pas formé qu'une seule nébuleuse, ce sont des milliers, des milliards de nébuleuses qui se sont constituées et qui ont exercé, les unes sur les autres, des attractions d'autant plus fortes que leurs masses étaient plus considérables.

Cela posé, comment vont être réglés les mouvements de ces masses ?

Rien de plus facile à comprendre si l'on suppose qu'il s'est formé, sur l'axe du mouvement circulaire, une nébuleuse plus considérable que les autres et qui joue à leur égard le rôle du soleil dans notre système planétaire. Il devient évident alors que les autres nébuleuses, lancées en ligne droite par la force centrifuge et sollicitées en même temps par l'attraction de l'énorme masse centrale, se sont mises à décrire autour, des routes elliptiques.

— Oui, oui, oui ! C'est bien cela, des milliers de milliers, des milliards de nébuleuses, marmottait le vieux monsieur ; où seraient-elles maintenant, si elles n'avaient pas tourné autour d'une nébuleuse centrale plus importante. N'obéissant plus qu'à la force centrifuge, elles auraient tourné, tourné, jusqu'au moment où, projetées en ligne droite comme la pierre de la fronde, elles se seraient élancées à travers l'espace.

Il prit une prise et se remit à écouter attentivement.

Le professeur continuait :

— Une masse fluide, dont toutes les parties sont mobiles les unes sur les autres, prend d'elle-même, lorsqu'elle est abandonnée dans l'espace sous des conditions telles qu'elle soit soustraite, autant que possible, à l'action de l'attraction d'autres corps célestes, la seule forme qui puisse résister également de toutes parts et maintenir l'équilibre entre toutes les attractions, c'est-à-dire la forme sphérique. C'est donc cette forme qu'ont dû prendre les nébuleuses.

Le mouvement circulaire de la masse centrale s'accélérant sans cesse, chaque nébuleuse a pris un mouvement de rotation sur elle-même sans cesser d'être entraînée dans le grand mouvement général, de sorte qu'elle s'est trouvée animée de deux mouvements à la fois : un sur elle-même, mouvement de révolution ou de rotation ; un autour de la masse centrale, mouvement de translation.

Comme dans l'éther, il se produit dans la nébuleuse, des centres de concentration et peu à peu la nébuleuse se change en une série de masses plus ou moins espacées que les astronomes appellent étoiles nébuleuses et qui sont autant de soleils semblables au nôtre.

Ces étoiles emportées dans le mouvement circulaire de la nébuleuse prennent bientôt un mouvement de rotation sur elles-mêmes.

Voyons maintenant comment les choses vont se passer pour chacun de ces astres ou soleils.

C'est un fait acquis par la science qu'en tournant sur lui-même, autour d'un axe central, un corps diminue de volume, ce qui entraîne une accélération de mouvement ; il change aussi de forme : il s'aplatit aux deux pôles et se renfle dans la partie moyenne.

Dans les étoiles, la concentration vient se joindre à la diminution du volume pour accélérer le mouvement de rotation dont la vitesse devient telle, à un moment donné, que les parties situées à l'équateur se détachent de l'astre autour duquel elles forment un anneau.

L'anneau suit l'étoile dans son mouvement révolutif et si la matière stellaire est suffisamment refroidie, il conserve la forme annulaire, ainsi que la planète Saturne nous en offre un exemple. Si, au contraire, la matière est assez fluide, l'anneau se rompt et ses fragments deviennent autant d'astres isolés, satellites de l'astre central, à moins qu'un fragment plus considérable n'attire les autres par sa masse de manière à ne faire qu'un seul satellite.

— D'où il suit, dit Savenay, qu'il a dû se détacher de notre soleil autant d'anneaux que nous comptons de planètes dans notre système.

— Précisément. Et c'est par suite du même phanomène que plusieurs de ces planètes se sont fait un cortège de satellites.

Si vous le voulez bien nous allons abandonner l'astronomie pour entrer dans le domaine de la géologie et nous prendrons la Terre juste au moment où, séparée depuis peu du soleil, elle ne formait qu'une masse de gaz et de vapeurs.

Le mouvement à travers les froids espaces célestes, le rayonnement, firent passer la majeure partie de ces vapeurs et de ces gaz à l'état liquide puis le refroidissement continuant, la surface terrestre se solidifia.

Tant que les substances diverses dont notre globe est composé furent maintenues en fusion, elles furent dans un état d'agitation continuelle tant par suite de l'attraction des corps célestes et des réactions chimiques que par l'action de la pesanteur qui attirait vers le centre les matières déjà condensées à la surface, de sorte qu'elles entraient de nouveau en fusion.

Enfin, une mince pellicule se forma sous l'énorme pression des gaz qui se dégageaient de cette masse incandescente et l'enveloppaient. Les minéraux consolidés à cette époque, prirent, soit une texture compacte, soit une texture cristalline. Dans le premier cas, le retrait de la matière au refroidissement, produisit des gerçures, des crevasses, des fentes ; dans le second, il y eut au contraire des boursoufflements et des rides.

La terre demeura enfin divisée en trois sphères concentriques : une gazeuse à l'extérieur, une solide intermédiaire, et une intérieure encore à l'état pâteux.

La condensation et l'évaporation des substances atmosphériques, se produisaient comme avant la formation de la couche solide, mais avec cette différence que les pluies torrentielles auxquelles ces phénomènes donnaient naissance, tombant sur une masse déjà refroidie, ne se résolvaient pas entièrement en vapeur et il arriva un moment où les eaux purent rester liquides à la surface de la terre.

Les pluies diluviennes, les eaux réunies en certains points, déterminèrent, tant par leur action mécanique que par l'action dissolvante des gaz qu'elles contenaient, l'érosion et la désagrégation de la couche solide, dont les détritus, joints à certaines matières atmosphériques précipitées, allèrent se déposer au fond des mers et former les terrains d'alluvion ou de sédiment.

Les alluvions se sont superposées ; elles constituent les terrains actuels dont l'épaisseur ne dépasse pas trente ou quarante kilomètres suivant quelques auteurs, quatre-vingts suivant d'autres, Labiche dit même cent soixante kilomètres.

On a calculé ces épaisssurs d'après l'augmentation de température qu'on constate en creusant le sol. Cette augmentation est à partir d'un certain point, dit de température constante, d'un degré par trente mètres. Il en résulte que la plupart des corps connus seraient en fusion à quatre-vingts kilomètres.

La chaleur centrale une fois démontrée par l'augmentation de température avec la profondeur, comme je viens de le dire, et aussi par les sources thermales, les geysers et les phénomènes volcaniques, il s'est agi de l'expliquer.

— Et les opinions ont été partagées.

— Justement. Il en est trois qui se disputent encore la faveur du public. D'après la première, la chaleur centrale résulterait de la fusion des substances minérales jointe à une condensation extraordinaire ; d'après la seconde, qui découle de l'hypothèse de Laplace et qui est admise par Beudant, François Arago, Elie de Beaumont, et de Humboldt, elle viendrait de l'incandescence primitive de notre planète ; enfin, d'après la troisième à laquelle se rallient Ampère et Poisson, elle serait produite par les actions chimiques incessantes dont les matières minérales qui composent le globe, sont le siège.

Cette dernière tend à se substituer à la précédente qui avait prévalu jusqu'ici.

Les modifications constantes que la croûte terrestre a subies ont également donné naissance à un grand nombre de théories.

La dernière en date, celle d'Elie de Beaumont, établit que notre globe a subi d'épouvantables cataclysmes dont chacun a été suivi d'une période de calme pendant laquelle il se faisait une nouvelle organisation.

D'après cette théorie, chacune des révolutions du globe aurait été caractérisée par le soulèvement d'un système de montagnes, les chaînes de même date étant parallèles à un même grand cercle de la sphère.

Constant Prévost et Lyell nient les révolutions soudaines ; les changements du globe seraient dus suivant eux à des causes dont l'action est continue. Alcide d'Orbigny, le fondateur, si je puis ainsi dire, de la paléontologie, croyait à des créations et à des destructions successives ; il spécialisait une faune à chaque étage et comptait les révolutions du globe d'après les débris organisés, méthode dont il est aisé de démontrer les côtés faibles.

Le professeur, pris par sa passion de science, suivait en esprit la vie de la terre à travers les âges écoulés ; il aurait parlé aussi longtemps que rien ne serait venu l'interrompre. Avec sa voix chaude, ses regards inspirés, on eût dit que vraiment il avait vu ce qu'il affirmait. Le vieux monsieur et Savenay écoutaient avec le plus grand intérêt, le jeune homme myope avait sans doute fini par s'imaginer qu'il était au cours. Rien ne parvenant à le désabuser, ni le tressautement des wagons, ni le frémissement des vitres, ni les coups de sifflet, ni le ronflement asthmatique de la locomotive, il s'était mis tranquillement à prendre des notes.

L'autre jeune homme timide caressait de nouveau une de ses poches, il en sortait à demi, un carnet qu'il y renfonçait précipitamment quand il se croyait regardé ; le petit Raoul s'était endormi sur l'épaule de Suzanne qui n'osait plus faire un mouvement de peur de troubler le sommeil de l'enfant ; pour moi, j'écoutais de mes deux oreilles en regardant le paysage d'un œil et mes compagnons de l'autre.

Les stations se succédaient avec de courts arrêts : Fontainebleau, Moret, Nemours, Montargis, célèbre par son chien dont on est en train de détruire la légende, Gien, Cosne, Sancerre.

Assez monotone jusqu'alors, la route commençait à devenir pittoresque.

Laissant sur la gauche, le cirque de monticules qui entoure Sancerre de trois côtés, et les petits villages dont les maisons, capricieusement groupées, escaladent le flanc oriental de la montagne, le chemin de fer suit pendant quelque temps les méandres de la Loire. Après avoir contourné le promontoire de Tracy, il s'éloigne du fleuve qui passe derrière Pouilly dont nous vîmes bientôt apparaître les toits roux au milieu de la verdure des vignobles qui fournissent un vin blanc renommé et un chasselas rival de celui de Fontainebleau.

Le professeur indiqua de la main la colline qui domine le village.

— Combien de siècles se sont-ils écoulés, dit-il, depuis le temps où le Plésiosaure, dont on a retrouvé les vertèbres sur la pente de ce coteau, se réfugiait dans les eaux peu profondes de la mer jurassique pour échapper à la poursuite de son vorace contemporain l'Ichthyosaure !

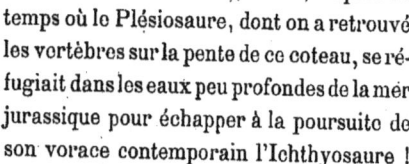

Notre pays de France était alors de médiocre étendue ; il se composait seulement de quelques îles dont la plus considérable était le plateau central déjà accru sur les bords de quelques dépôts triasiques.

Ensuite venaient, par rang d'importance, la Bretagne formant une seule terre avec les îles Britanniques et séparée du plateau central par un grand détroit qui occupait la région dans laquelle se trouve aujourd'hui Poitiers ; une autre grande île sur l'emplacement actuel des Vosges et des Ardennes, l'îlot du Var, entre Toulon et Nice, enfin la Corse.

Plésiosaure

La grande île des Vosges et des Ardennes s'étendait jusque dans l'Allemagne centrale.

Tout avait déjà bien changé, alors, à la surface de notre globe, le refroidissement s'accentuait, l'atmosphère s'épurait, les climats commençaient à se dessiner comme l'indique la localisation des faunes et des flores.

Les cycadées, les fougères si nombreuses et si gigantesques à l'époque houillère, diminuaient de nombre comme de taille, faisant place à des conifères déjà supérieurs comme organisation.

Les espèces animales augmentaient, malgré la disparition de quelques-unes des époques antérieures et la diminution de quelques autres.

Dans les mers, à côté des ammonites devenues plus nombreuses que les nautiles, venaient les bélemnites, les spirifères, la plicatule épineuse, l'avicule inéquivalve, des peignes, le plagiostome géant, des mollusques du genre huître, entre autre la gryphée gondole et la gryphée arquée. Cette dernière est si commune dans l'étage inférieur du lias qu'on désigne cette roche sous le nom de calcaire à gryphée arquée.

— Une roche très connue à Lyon, dit alors le vieux monsieur ; je ne sais si vous avez visité les carrières de Saint-Fortunat dans le Mont-d'Or Lyonnais ?

Le professeur fit un signe négatif ; il avait néanmoins entendu parler de ces carrières.

Le vieux monsieur y était allé plusieurs fois. Elles offrent des coupes favorables à l'étude du terrain. Ce lias, très remarquable par la variété de ses teintes, se présente en assises régulières ; il est en général, d'un gris bleuâtre, mais il peut aussi prendre une teinte gris sombre ou offrir un bariolage de jaune et de noir, il est pour ainsi dire, pétri de gryphées arquées dont la coquille recourbée se détache en blanc sur la teinte sombre de la masse.

Le vieux monsieur raconta qu'il lui était souvent arrivé, à Lyon, de s'arrêter pour admirer une marche d'escalier, une bordure de trottoir, un seuil, formé d'une véritable mosaïque de gryphées ; puis il s'excusa d'avoir ouvert cette longue parenthèse et pria le professeur de vouloir bien continuer son intéressant exposé des phénomènes biologiques de la période jurassique.

Gryphée arquée

Le vieux monsieur aimait à s'exprimer en termes choisis.

Le professeur reprit donc.

— Les reptiles deviennent si nombreux dans cette période qu'elle a reçu le nom de règne des reptiles. Ce sont tous des sauriens de taille énorme et pour la plupart de forme étrange sans aucune analogie avec aucun des reptiles actuels. Le plus grand de tous était le mégalosaure qui pourrait être l'ancêtre antédiluvien des crocodiles.

L'ichthyosaure, ainsi nommé parce que ses vertèbres ressemblent à celles des poissons habitait les mers profondes.

L'Ichthyosaure

Il mesurait jusqu'à dix mètres de longueur, sa tête, qui faisait le tiers de la longueur du corps, se terminait par un museau pointu armé de dents formidables au nombre de cent quatre-vingts.

Il se nourrissait de poissons et devait être très vorace, car il s'attaquait même aux individus de son espèce, trop faibles pour lui résister.

Dans les eaux moins profondes, vivait le plésiosaure, reptile plus petit ; il ne dépassait guère trois mètres, avec un long cou flexible supportant une petite tête.

Les sauriens terrestres étaient représentés par le ptérodactyle, animal de petite taille qui pouvait grimper, se tenir sur les arbres et voler quand il dépliait ses ailes formées d'une membrane soutenue par le doigt externe des membres antérieurs, et rattachée au corps, de telle sorte qu'elle enfermait les membres postérieurs à l'exception des doigts.

On a été amené à penser que sa nourriture habituelle consistait en libellules à cause de la multiplicité des empreintes de ces insectes et de quelques autres dans les roches qui renferment les restes des ptérodactyles.

Quand la mer jurassique fit place à la mer crétacée, au fond de laquelle se formait le dernier étage des terrains secondaires, la France s'était notablement agrandie.

La Corse n'avait pas été modifiée par les dépôts jurassiques, mais le plateau central avait été relié d'un côté avec la Bretagne et l'Angleterre, de l'autre,

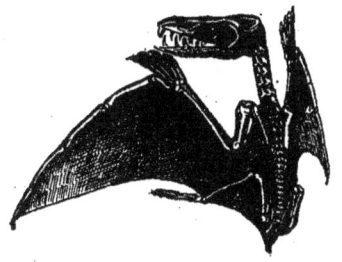

Ptérodactyle

avec les Vosges et les Ardennes. Un vaste golfe couvrait l'emplacement de Londres, de Bruxelles, de Paris et s'étendait jusqu'à Poitiers. Une grande île marquait la place que devaient, plus tard, occuper les Alpes ; plusieurs îlots émergeaient des flots en Provence.

Quand la mer crétacée eut à son tour été comblée, les deux tiers de la France et de l'Angleterre étaient à sec, bien que le grand golfe parisien existât encore. L'Amérique avait surgi presque tout entière, les Pyrénées, les Karpathes, les Balkans s'étaient élevés du sein des mers.

— Pardon, fit le jeune homme communicatif, sont-ce là de pures hypothèses ou des faits certains?

— Des faits, monsieur, des faits écrits en caractères irréfragables dans les entrailles du sol. De même que les fossiles nous disent dans quel milieu ils s'agitaient, les couches du sol nous apprennent par leur structure si elles se sont formées sous l'action du feu ou sous celle de l'eau, si elles ont été entraînées par un effort violent ou si elles se sont déposées lentement durant une longue période de tranquillité. La géologie n'est plus comme autrefois, un tissu de spéculations plus ou moins poétiques, plus ou moins judicieuses sur les origines de la terre, elle est devenue une science positive, au siècle dernier, à partir des travaux de Werner. Depuis lors, que de grandes découvertes! Certes, il reste encore plus d'un point obscur, mais la géologie est une jeune science qui n'a pas accompli tous ses progrès. Elle ne peut plus s'arrêter dans sa marche en avant, ayant pour guide l'étude des phénomènes actuels.

— Je me suis mal exprimé : je voulais dire que les cartes de la France, ou de l'Europe, ou du monde, comme vous voudrez, à chaque époque géologique, sont probablement établies d'après des hypothèses.

— Et je vous réponds de nouveau que l'hypothèse n'a rien à voir ici. En faisant abstraction des terrains modernes, on peut tracer exactement la carte de la Terre telle que la laissa la fin de l'époque tertiaire ; en faisant abstraction des terrains tertiaires, on a la carte de la fin de l'époque secondaire et ainsi de suite jusqu'aux terrains primaires.

— Avec un peu de réflexion, j'aurais dû trouver cela, veuillez excuser ma sotte question et m'en permettre une autre. Si le plésiosaure appartient à la période jurassique, nous étions déjà sur le terrain de ce nom en passant à Pouilly.

— Oui, monsieur, nous avons quitté le terrain parisien qui est la couche inférieure du tertiaire, à peu près entre Cosne et Sancerre, nous le retrouverons vers Moulins et nous ne le quitterons que pour entrer sur les alluvions de la Limagne.

— Je vous ai avoué mon ignorance, vous ne serez donc pas étonné si les expressions terrain tertiaire, terrain secondaire, jurassique, parisien, etc., m'embarrassent un peu.

— C'est presque une leçon que vous me demandez là, fit M. Pagès avec son bon sourire, heureusement que nous sommes entre géologues.

Le jeune homme eut un regard vers Suzanne:

— Oh! ma nièce est plus qu'un amateur, dit le professeur qui avait surpris ce regard, elle me sert de secrétaire et pourrait, aussi bien que moi, vous donner l'explication que vous me demandez.

Il n'est pas un de ces messieurs qui ne puisse également vous la fournir, même Raoul s'il ne dormait pas si profondément.

Il pinça légèrement l'oreille du jeune vicomte en lui criant :
— N'est-ce pas, Raoul ?
— Hein, quoi ? fit celui-ci en se frottant les yeux.
— Qu'est-ce que le terrain tertiaire ?
— Sais pas, grogna Raoul et il se rendormit.
— Vous n'exigez pas, sans doute, reprit en souriant M. Pagès, que je vous donne une classification géologique ; il en y a un grand nombre et c'est naturel, chacun ayant sa forme d'intelligence, classe d'après son génie personnel, ce qui revient trop souvent à imposer aux mêmes choses des noms nouveaux.

Malgré la multiplicité des classifications, il y a cependant des points sur lesquels on est d'accord, par exemple, le nombre des formations et celui des époques géologiques, parce que ce sont là des choses dont les faits nous ont rendu compte.

Lorsqu'on a commencé à étudier les couches diverses dont se compose la croûte terrestre, on a vu que les unes renfermaient des débris d'êtres organisés et que les autres n'en renfermaient pas. Comme en beaucoup d'endroits, le premier était superposé au second, on a pensé que c'était là une règle générale et l'on a conçu l'idée que les terrains azoïques, ainsi que les a dénommés Alcide d'Orbigny, s'étaient formés les premiers et que ceux dans lesquels on rencontre des vestiges de plantes et d'animaux, leur avait succédé, de sorte qu'on est convenu d'appeler les uns terrains primitifs et les autres terrains secondaires.

De nouvelles recherches firent voir que les roches du terrain primitif alternaient, à la jonction des terrains secondaires, avec des terrains arénacés et des dépôts coquilliers très particuliers qui ne pouvaient être rattachés à aucune des deux classes précédemment établies. On en a conclu que là se trouvaient la fin d'un certain ordre de choses et le commencement d'un autre, de sorte qu'on a conçu l'idée d'une époque de formation pendant laquelle il se serait produit un terrain intermédiaire auquel on donna le nom de terrain de transition.

Tout n'était pas dit encore : les couches supérieures des terrains secondaires, offrent des fossiles de plus en plus rapprochés des individus des flores et des faunes actuelles. On institua pour ces couches une nouvelle série dite des terrains tertiaires après laquelle on en imagina une autre, celle des terrains quaternaires, pour les dépôts diluviens et les dépôts modernes.

Ces divisions assez arbitraires, ont été introduites par des hommes si illustres, par des travaux si importants, qu'elles demeurent dans le langage géologique bien qu'elles soient rejetées maintenant, et il faudra longtemps pour les faire oublier. Il n'y a pas de mal à les conserver, du reste, pourvu qu'on ne leur assigne pas un sens trop précis.

Aujourd'hui, quand nous disons : terrains primitifs, cela signifie simplement terrains très anciens, comme par exemple les granits, les gneiss, les micachistes, les talcschistes, etc. ; les terrains de transition comprennent les trois dépôts qui se trouvent au-dessus ; les terrains secondaires se composent de toute la série de dépôts jusqu'au crétacé supérieur, et les trois dernières couches de dépôts réguliers, forment les terrains tertiaires après lesquels ne viennent plus que les dépôts diluviens et les terrains tout à fait modernes.

Comme vous voyez, il n'y a plus là, classification, mais de simples expressions synthétiques destinées à simplifier le langage et à lui donner plus de rapidité.

Savenay s'inclina pour remercier le professeur, il ne paraissait cependant pas complètement satisfait.

Après un court silence, il rappela au professeur ce que celui-ci avait dit touchant l'accord des géologues au sujet des formations de terrains et de leur succession chronologique probable, témoignant qu'il lui serait agréable d'avoir quelques détails sur ce sujet.

M. Pagès était un de ces savants aimables qui savent se mettre à la portée de leurs interlocuteurs aux questions desquels ils sont toujours prêts à répondre. Peut-être aussi n'était-il pas fâché de cette conversation engagée fortuitement, conversation qui lui permettait de nous entretenir de quelques généralités géologiques sans nous faire, pour cela, une leçon en chemin de fer, ce qui eût été passablement ridicule, et de s'assurer que nous serions en état de suivre utilement les excursions, sans avoir à nous prier de repasser le chapitre des notions préliminaires dans le traité que chacun de nous ne devait pas manquer d'avoir en poche.

Il expliqua donc, avec sa complaisance habituelle, que la texture des roches les a fait rattacher à trois formations distinctes, la formation ignée, la formation aqueuse et une formation combinée ou mixte à laquelle certains auteurs donnent le nom de métamorphisme.

Il est évident, dit-il, qu'une roche cristalline, sans aucune trace de stratification, a dû être produite par le feu ; il est clair aussi qu'une roche disposée en stratification plus ou moins régulière a dû être formée par voie de dépôt au fond des eaux.

Quant aux roches de formation mixte, ou roches métamorphiques, elles comprennent les matériaux qui résultent de la purification de l'atmosphère et de la réaction de la première pellicule encore douée d'une haute température, sinon incandescente, et des combinaisons chimiques qui ont dû résulter tant du contact de l'atmosphère chargée de gaz et de vapeurs que de celui des eaux déjà liquides avec cette pellicule solide, sous l'influence de la chaleur et de fortes pressions.

Il est évident aussi qu'il n'existe aucune donnée propre à établir l'âge et la succession des roches cristallines et que les dépôts de formation aqueuse peuvent seuls être classés dans un ordre chronologique.

S'il était possible de pratiquer dans le sol une tranchée située de telle sorte et d'une profondeur telle qu'on y pût observer toutes les couches successives, depuis le dépôt cambrien qu'on trouve toujours immédiatement au-dessus des matières anciennes de formation ignée qui sont peut-être le sol primitif, jusqu'aux alluvions les plus récentes, la tâche serait facile, elle se réduirait à dénommer et à numéroter chaque couche.

Il n'en est pas ainsi dans la nature, jamais la série n'est complète; toutefois, en combinant les observations réitérées faites sur des points divers, on a acquis la certitude que des couches peuvent manquer en quelques endroits, mais que l'ordre de superposition ne varie jamais.

On est donc parvenu à déterminer vingt-sept couches assez caractérisées par les matériaux qui les composent pour qu'on les distingue facilement entre elles. Cela ne veut pas dire qu'elles soient toujours nettement tranchées, qu'elles ne se mêlent pas quelquefois, mais, leur matériaux d'une part, l'absence de débris d'êtres organisés ou la nature de ceux qu'on y rencontre, joints à l'observation attentive des stratifications, sont des guides suffisants pour éviter la confusion.

Au-dessus des matières ignées de structure cristalline qui répondent, sans doute à la première pellicule solidifiée du globe et dont les granits paraissent être les roches principales, on trouve une première couche de terrain profondément modifiée, métamorphosée, si je puis ainsi dire, par le contact avec la surface ignée sur laquelle elle a dû se déposer. Elle se compose de gneiss, roche qui a beaucoup d'analogie avec le granit, sous le rapport de ses éléments constituants : quartz, feldspath, mica, mais qui offre toujours une disposition stratifiée. Des micaschistes et des talcschistes résultant d'argiles schisteuses transformées, occupent les parties supérieures de cette couche.

Ce premier terrain a reçu des appellations diverses : il est dit *métamorphique* en raison de son origine ; *azoïque* parce qu'il ne renferme aucun vestige animal, soit que la vie ne fut pas encore développée alors, soit que les êtres aient été complètement détruits par les phénomènes du métamorphisme ; *primitif et gneissique* enfin, parce qu'il est le premier de la série et que le gneiss ne se rencontre dans aucune autre couche de l'écorce terrestre.

Nous aurons l'occasion en Auvergne et dans tout le plateau central de rencontrer du granit associé à du gneiss et à d'autres roches primitives, recouvertes elles-même de sédiments plus récents, comme cela se présente par exemple dans la plaine de la Limagne.

Après ces roches ou terrains viennent les roches ou terrains stratifiés, les terrains sédimentaires proprement dits. Ils forment la plus grande partie de la région superficielle de la croûte terrestre. On les appelle *stratifiés* à cause de leur disposition par couche ou strates, *sédimentaires* parce qu'ils ont été déposés par les eaux.

Ce sont, par ordre d'ancienneté, le terrain cambrien, le terrain silurien, le terrain dévonien et le terrain houiller, qu'on réunit sous la dénomination de terrains *intermédiaires* ou de *transition*. On les appelle aussi *terrains paléozoïques* parce qu'ils renferment les débris des animaux qui peuplaient la surface du globe pendant les premières périodes géologiques.

Viennent ensuite le terrain permien ou pennéen, le triasique, le jurassique, le crétacé inférieur et le crétacé supérieur, désignés souvent sous le nom de *terrains secondaires*.

Puis le terrain parisien, le terrain de molasse et le terrain subappennin qui correspondent aux *terrains tertiaires*. Quelques auteurs, les considérant d'après leur âge, les ont appelés : *éocène*, *miocène*, *pliocène ;* ils marquent l'aurore des temps modernes.

Enfin, au-dessus, on ne rencontre plus que le *diluvium* et les *alluvions modernes*.

— Saint-Germain-des-Fossés, tout le monde descend !

Le vieux monsieur sauta sur le quai avec une prestesse tout à fait extraordinaire pour sa corpulence, ce qui lui permit de prévenir son ami, le voyageur communicatif, et d'offrir la main à Mlle Suzanne pour l'aider à descendre.

La jeune fille remercia d'un sourire et s'occupa de Raoul, très grognon, parce qu'il avait eu trop chaud, trop soif, qu'il était enfermé depuis trop longtemps et qu'il fallait attendre près d'une demi-heure avant de repartir.

Si M. le vicomte ne trouvait pas, par la suite, des compagnons de son âge, il menaçait d'être très encombrant et de méchante humeur.

L'arrêt forcé de Saint-Germain-des-Fossés avait rompu la conversation qui fut reprise dès que nous fûmes de nouveau en wagon.

A ce que j'ai cru comprendre, dit le voyageur communicatif, l'Auvergne est le but de votre excursion.

Le professeur répondit que l'Auvergne faisait en effet partie de notre excursion, mais qu'elle n'en était pas l'unique but. Nous nous proposions d'étudier dans ses traits principaux le plateau central, cette masse de roches primitives, granits et gneiss, que sont venus recouvrir par endroits, à diverses époques de la période tertiaire, les roches éruptives lancées par les volcans du Puy-de-Dôme, du Cantal et de l'Ardèche.

Il décrivit ce massif qui s'étend en largeur depuis le Rhône jusqu'aux sources de la Charente, qui, arrêté au sud-est, par la haute muraille des Cévennes, s'incline régulièrement vers le nord-ouest, comprenant treize départements dont cinq sont assez riches en curiosités naturelles pour mériter la visite du touriste et l'examen du géologue.

M. Pagès n'avait pas achevé son intéressante description du grand plateau, que nous pouvions déjà contempler à notre droite, la chaîne des Monts-Dômes. De la plaine de la Limagne où nous courions, ils apparaissaient comme autant de crêtes dentelées au-dessus de leur piédestal de granit.

Bientôt, nous entrions à Clermont, l'ancienne capitale de l'Auvergne, la ville d'où les croisés, enflammés par la parole d'un moine, s'élancèrent à la conquête de Jérusalem en criant : Dieu le veut !

Les wagons frémissaient encore sous l'étreinte du frein, qu'une jeune femme accourut, enlaça Suzanne de ses bras caressants, l'embrassa, se recula pour la contempler, l'embrassa de nouveau et s'écria :

— Et comment vas-tu, Ninette, tout à l'heure.

Comme te voilà jolie ! et mon oncle, comme il a bonne mine, que je suis contente, mon bon oncle !

Sur quoi, la jeune femme abandonna Suzanne et se jeta au cou du professeur qu'elle se mit à embrasser à son tour comme si elle n'eût jamais dû se rassasier de couvrir ses joues de baisers.

Elle l'entraînait vers la sortie, ainsi que sa sœur dont elle avait pris la main, entremêlant ses baisers de babillages.

— Comme c'est gentil, cher petit oncle d'avoir dirigé votre excursion du côté de notre pays !

A propos, vos excursionnistes, où sont-ils, sont-ils nombreux ?

Le professeur nous désigna.

— Six seulement, quel bonheur !

Messieurs, ajouta la sémillante personne, vos chambres sont retenues à l'hôtel, mais vous dînez chez moi où mon oncle et ma sœur habiteront pendant votre séjour à Clermont.

— Ta sœur, oui, si tu veux, quant à moi...

— *Bonhomme, bonhomme, tu n'es pas maître en ta maison, quand nous y sommes !* fredonna la jeune femme, vous souvenez-vous, mon oncle ?

— Oui, ma charmante, mais...

— Mais quoi ? Auriez-vous désappris l'obéissance depuis cinq ans que je vous ai quitté ?

Encore un mais et non seulement j'emmène ces messieurs dîner, mais j'établis un bivouac à leur usage et je les empêche d'aller à l'hôtel.

Messieurs, voici la voiture, nous allons vous conduire chez vous ; mon oncle et mon mari irons vous prendre dans une heure et nous nous entendrons, ce soir, au sujet de nos excursions.

Car j'en suis de vos excursions, mon mari en est, mon beau-frère en est, nous en sommes tous, que vous le vouliez ou non.

Tout cela, ponctué de baisers ; un sur la joue de Suzanne, un sur la joue du vieil oncle et à nous, des sourires joyeux, des regards attendris. Dieu me pardonne ! pour un peu, elle nous aurait tous embrassés !

En mon for intérieur, je regrettais presque le bivouac dont nous avait menacés la charmante femme, et l'invitation inattendue qui m'avait un peu contrarié tout d'abord, me ravissait maintenant.

La voiture de Mme Deschamps était un break qui pouvait contenir huit personnes, plus une sur le siège, à côté du cocher ; il fut donc inutile d'avoir recours aux voitures de louage.

Le break prit l'avenue Charras, traversa la place Delille pour longer ensuite le pied de la longue place d'Espagne, et de la place ou square Saint-Hérem, la rue et la place Poids-de-Ville, et la rue de l'Écu d'où il déboucha sur la place de Jaude, but de notre course.

En passant le long de la place Saint-Hérem, nous saluâmes la statue de Pascal.

— Voilà, comme vous aurez un jour votre statue, mon oncle,

s'écria Mme Deschamps ; comme je serai heureuse de contempler vos traits coulés en bronze, en éternel témoignage de l'admiration de votre ville natale ! Au fait, non, dans ce temps-là je ne vous aurai plus à côté de moi, votre main dans la mienne, comme aujourd'hui et j'aime mieux vous embrasser, cher oncle, que d'admirer votre statue.

Etait-ce l'effet de la joie exubérante de la jeune femme ou du soleil splendide qui faisait luire les feuilles des arbres de la place d'Espagne et resplendir les massifs de fleurs de la place Saint-Hérem ? Etait-ce la faute de mes yeux accoutumés aux teintes grises ou la faute de mon goût pour les matériaux de construction solides et francs de lignes ? toujours est-il que je m'efforçais en vain de trouver la ville noire dont j'avais entendu parler. Clermont m'apparaissait ennuyée comme la plupart des villes de province, malpropre, encore comme beaucoup de villes, mais tachée d'un joli point clair, fleuri, très ensoleillé : la place Saint-Hérem, tout égayée des grelots de notre cheval, des jolis rires et des gros baisers tendres de Mme Deschamps.

A l'heure convenue, M. Pagès vint nous chercher à l'hôtel de l'Europe, en compagnie de son neveu par alliance, M. Deschamps.

Celui-ci nous présenta des excuses, surtout au vieux monsieur, pour la manière indiscrète dont sa femme avait disposé de notre soirée ; mais c'était, disait-il une enfant gâtée, son oncle l'avait accoutumée à se laisser aller à tous ses caprices, et lui n'avait rien voulu changer aux bonnes habitudes prises dans l'enfance.

Le vieux monsieur répondit que la grâce et l'amabilité n'avaient pas besoin d'excuses, que l'indiscrétion était de notre côté ; que, puisque madame voulait bien nous admettre à sa table, en tenue de touristes, nous étions trop heureux de nous rendre à son invitation.

Nous confirmâmes les paroles du vieux monsieur par un salut et la caravane se mit en marche vers l'habitation de Mme Deschamps, située cours des Sablons, non loin de la curieuse fontaine dite de Jacques d'Amboise.

On nous servit un de ces repas plantureux dont la province a conservé le goût et le secret. Au dessert, nous étions tous convaincus que nous nous connaissions depuis nombre d'années. A minuit, nous étions encore dans le salon de Mme Deschamps, riant, causant, faisant de la musique et ne pensant plus à la fatigue du voyage.

Il fallut pourtant nous séparer après nous être entendus sur l'emploi du lendemain.

Je remarquai que Suzanne se rapprochait d'André Savenay, en traversant le jardin, ce qui me surprit un peu de la part d'une jeune fille aussi réservée.

J'affirme que je ne fus poussé par aucun mouvement de curiosité et que j'entendis, sans écouter, les quelques mots échangés par les deux jeunes gens.

Suzanne demandait si André Savenay était bien l'auteur d'une statue d'Andromède remarquée au Salon deux ou trois ans auparavant, et le parent d'un M. Jacques Savenay.

— Je suis le cousin germain de Jacques et j'avais l'honneur d'être son ami, répondit André.

— L'honneur, vous avez bien dit l'honneur, s'écria Suzanne avec émotion ; vous n'avez donc rien cru, vous non plus. Oh ! merci !

Elle lui serra vivement la main et comme le gros de notre

compagnie se rapprochait, elle se déroba derrière un massif d'arbustes.

Quel mystère entourait donc ce Jacques Savenay ? Pour le coup, ma curiosité était éveillée et je me promis de savoir la suite du roman de Mlle Suzanne.

Royat

CHAPITRE II

On a souvent parlé de l'attrait de la mer pour certaines imaginations rêveuses et poétiques ; moi, c'est la montagne qui m'attire. Elle n'a pas le charme troublant de la mer, elle a au contraire une sérénité dont on se sent envahir délicieusement ; elle n'exige pas la solidité de nerfs qu'il faut pour contempler les océans ; souriante et calme dans sa majestueuse immobilité, elle apaise l'esprit par l'idée de stabilité qu'elle y fait naître, et partout, de sa base à son faîte, la vie éclate : dans le brin d'herbe qui chatoie aux premiers rayons du matin, dans la fleur qui s'épanouit, dans l'insecte qui rôde sous le gazon, dans l'oiseau qui délaisse son nid pour s'envoler dans l'espace, dans les sombres forêts qui la couronnent.

On ne s'étonnera pas, après cela, si je dis que ma première pensée, en m'éveillant, fut pour le Puy-de-Dôme, invisible la veille, sous le chapeau de nuages dont il était coiffé.

Je me rendis donc à l'entrée de la rue Blatin qui s'ouvre vers le milieu de la place de Jaude, à une centaine de pas de l'hôtel où nous étions descendus. De là, je pus contempler le grand mont qui domine la ville et l'écrase presque, car Clermont disparaît devant l'imposante vision du Puy-de-Dôme dont la masse ferme au loin l'horizon.

Le temps était superbe, la silhouette de la montagne se détachait nettement sur le ciel pâle du matin ; plus rien du chapeau, pronostic assuré de pluie, à peine une flottante aigrette de nuées blanches et légères : le temps se maintiendra beau toute la journée.

Nous devons aller à Royat dans l'après-midi, pour visiter la localité, curieuse au point de vue géologique et pour prendre quelques touristes, entre autres, une tante de Raoul avec son fils, nous ne pouvons donc nous permettre qu'une simple promenade dans la matinée.

Sainte-Allyre en est le but tout indiqué. Qui est-ce qui n'a pas entendu parler de Sainte-Allyre, qui n'a vu de ces petits paniers, de ces nids, couverts d'une légère couche de calcaire, dont les visiteurs ne manquent jamais de faire emplette ?

Il faut voir « la merveilleuse et ancienne source pétrifiante de Sainte-Allyre, une des merveilles de la nature », d'après les écriteaux énormes qui indiquent par une main tournée vers le faubourg, la route à suivre pour s'y rendre.

— J'ai failli être en retard, me dit le vieux monsieur que je rencontre sur le seuil de l'hôtel, le professeur est là, il est arrivé cette nuit une douzaine de personnes qui, au lieu de partir avec nous, ont pris le train du soir, au moins notre excursion va avoir l'air d'autre chose que d'une promenade entre amis, j'en suis bien aise pour le professeur. Oui, oui, oui, hier, je craignais que son prestige ne fût atteint, vu notre petit nombre, et dans sa ville natale, encore ! j'en souffrais pour lui, je vous le jure, mon cher monsieur.

Où étiez-vous donc ? en contemplation devant le géant des monts Dômes, n'est-ce pas, oui, oui, oui !

La jeunesse n'a pas de besoins, moi, j'attendais mon chocolat et on ne le servait pas et j'ai failli être en retard, mais Dieu merci, on n'est pas encore parti, on attend le petit Raoul, il a fallu le réveiller, les enfants aiment à faire la grasse matinée, oui, oui, oui !

Il prit une prise, épousseta son gilet et ouvrit la porte du salon dans lequel les touristes étaient réunis autour du professeur.

Raoul ne tarda pas à se montrer à son tour et nous nous mîmes en route.

Arrivés en vue de l'écriteau susdit, nous prenons la rue Saint-Clair.

Toutes les rues du faubourg sont sanctifiées et il y en a toujours au moins trois sous l'invocation du même patron, rue Saint-Arthème, petite rue Saint-Arthème, rue traversière Saint-Arthème et tout cela se croise, s'entre-croise, s'enchevêtre en un dédale de ruelles tortueuses, coupé dans toute sa longueur par la rue Saint-Clair qui est une des artères principales de ce vieux quartier.

Quel que soit le but d'un voyage, les monuments des villes qu'on traverse ne perdent jamais leurs droits ; en passant devant l'église Saint-Eutrope, nous n'avons garde de négliger de la visiter. Elle appartient au style ogival rayonnant, me dit le vieux monsieur, qui suit assidûment un cours d'archéologie.

Nous tournons à gauche et nous sommes bientôt en vue de l'établissement commercial annexé à la Merveille de la nature.

Dans un enfoncement, une petite vasque reçoit une eau un peu trouble dont l'usage est indiqué par un verre posé sur le rebord de la fontaine. Vous tous qui souffrez du foie, des voies digestives ou des reins, buvez, cela ne coûte rien, et Sainte-Allyre vaut Vichy. Deux gamins d'une huitaine d'années qui soignent sans doute leurs infirmités à venir, dégustent l'eau blanchâtre avec une satisfaction évidente.

Nous pénétrons dans le jardin peuplé d'incrustations plus ou moins réussies : un cheval, des Auvergnats qui dansent la bourrée, des cygnes, je ne sais quoi encore et nous voici devant ce qu'il est convenu d'appeler les grottes.

Les objets en voie d'incrustation, sont disposés sur les marches de plusieurs échelles le long desquelles l'eau chargée de calcaire descend lentement, mais tout cela n'a pas grand intérêt pour nous, ce qui nous a amenés là, c'est l'empierrement du lit primitif du ruisseau et le pont naturel formé par les eaux à l'endroit où elles se déversent dans la Tiretaine.

Ce pont, haut de cinq mètres, en a dix de long sur six de large. Un second pont du même genre existe aussi un peu plus loin, auprès de l'établissement thermal.

Nous sommes groupés devant le pont et nous nous entretenons plus ou moins expertement des causes probables de sa formation, on voudrait interroger le professeur et l'on n'ose, ce qui est parfaitement ridicule, puisqu'on l'a accompagné dans le seul but de prendre des leçons en face de la nature ; grâce à son âge, le vieux monsieur n'a pas nos timidités, André Savenay non plus et ils questionnent.

M. Pagès nous rappelle que les phénomènes dont la Terre est le théâtre, sont ou purement géologiques ou biologiques.

Les derniers comprennent tout ce qui a trait au développement de la vie soit animale, soit végétale, les premiers sont ceux qui modifient la configuration ou la composition du sol, ils sont dus à des actions météoriques, chimiques, mécaniques ou dynamiques.

A Sainte-Allyre, on est en présence d'un phénomène d'ordre chimique très simple à comprendre.

Les eaux chargées d'acide carbonique exercent une action dissolvante sur les carbonates de chaux, de sorte que lorsqu'elles traversent un terrain calcaire dans lequel les carbonates abondent, elles en entraînent une grande quantité.

Une fois à l'air libre, elles abandonnent leur acide carbonique, la chaux se dépose et l'eau s'évaporant, il reste des dépôts de tuf au pied de la pente sillonnée par la source, des incrustations sur les plantes qui en tapissent les bords, des stalactites aux parois des grottes à travers les voûtes desquelles elles suintent et même des stalagmites si le suintement est assez abondant pour faire des dépôts sur le sol.

Ce fait scientifique acquis nous rend très exactement compte de la manière dont le lit de la fontaine Sainte-Allyre s'est trouvé comblé par deux fois, de sorte qu'on est obligé, actuellement, d'aller prendre l'eau plus loin et de l'amener dans une sorte d'aqueduc formé de conduits ouverts.

La visite est gratuite, sauf *la buena mancia* ou le *paraguantes*, je n'oserais me servir en cette occasion, de la grossière expression de pourboire, notre guide étant une jeune demoiselle aimable et bien mise.

Comment passer devant le magasin sans jeter au moins un coup d'œil, sur les incrustations, pour la plupart venues de Saint-Nectaire, qui y sont exposées.

Je ne sais ce que notre compagnon, André Savenay le statuaire, pense des objets d'art offerts en ce lieu à la convoitise du public, pour moi, je les trouve, en général, peu artistiques.

Raoul a envie de tout, touche à tout, marchande tout.

— Combien ça? tant — c'est trop cher, et ça? tant, — pas cher, mais c'est laid, et ça? tant. — C'est gentil, mais on en voit partout.

Il hésite entre un escargot, une rose et une écrevisse. L'escargot lui paraît vulgaire, l'écrevisse n'a qu'une pince, il se décide pour la rose.

— Qu'est-ce qu'il y a là-dedans ?

— Une rose, monsieur le voit bien.

— Je veux dire que ce n'est pas une rose naturelle.

— Oh ! si monsieur !

— Comment fait-on alors, pour qu'elle reste fraîche et que les pétales ne s'affaissent pas.

— On la prépare à l'aide d'un procédé chimique, ce serait un peu long à expliquer, et puis je ne sais pas trop, je ne suis ici que pour la vente.

Puisque les brins d'herbe, les fougères, les mousses qui bordent les sources pétrifiantes, peuvent être incrustées, pourquoi une rose ne le serait-elle pas ? Raoul fait envelopper le presse-papier qu'il a choisi.

Nous remontons vers la ville, un peu à la débandade ; les plus zélés ou les plus hardis, entourent le professeur, les autres s'en vont par couples ou par groupes parlant de choses et d'autres, lisant les enseignes, examinant la lave grise des constructions ; le jeune d'Esteil forme l'arrière-garde à lui tout seul, si loin du dernier groupe qu'il n'a pas l'air d'être des nôtres.

M. Pagès l'a rappelé plusieurs fois, il finit par s'impatienter un peu.

— Mais qu'est-ce que vous faites donc Raoul, vous vous arrêtez à toutes les portes, ne pouvez-vous rester avec nous ?

— J'observe les phénomènes biologiques actuels de la ville de Clermont, répond gravement le jeune vicomte ; j'ai remarqué l'air profondément

triste de tous les chiens. Croiriez-vous qu'aucun d'eux n'a su me dire la cause de sa tristesse.

Et quittant sa gravité, il rit d'un si bon rire d'enfant que sa réponse railleuse doit être une pure gaminerie.

Il se résigne à marcher à côté du professeur, mais ce n'est pas une raison pour se priver de converser avec les chiens et de les agacer en leur balançant devant le nez, le petit paquet qu'il tient à la main, suspendu par une mince ficelle.

— Allons, bon ! ces choses-là n'arrivent qu'à moi, voilà ma rose cassée à présent ! elle a fait clac ! en tombant sur le pavé.

La rose s'est simplement détachée du presse-papier qui la supportait et l'on peut voir ce qu'il y a sous la couche de calcaire : c'est de la porcelaine.

Il est trop tôt pour rentrer à l'hôtel, nous pensons qu'il vaut mieux visiter Clermont, du moins en partie, car les musées et le jardin Lecoq nous prendront bien une journée.

Nous nous dirigeons vers la cathédrale. Chemin faisant, nous remarquons plusieurs maisons anciennes, vestiges de la splendeur de Clermont aux siècles écoulés. Les mieux conservées sont une maison du xiii° siècle sur la place Saint-Pierre et une maison romane, ornée de modillons, dans la rue des Chaussetiers. Au n° 4 de la même rue, le vieux monsieur nous arrête devant une porte entourée de sculptures dignes de l'attention des artistes et des archéologues. Nous sommes bientôt sur la place de la Cathédrale que nous apercevons déjà, austère et imposante, au bout de la rue des Gras.

On y travaille encore, le portail est encombré d'échafaudages qui le masquent et en empêchent l'accès, nous entrons par la porte latérale de gauche.

Le professeur nous fait remarquer la belle lave de Volvic d'un gris noirâtre dont l'église est bâtie ; le vieux monsieur nous signale les détails saillants de l'architecture.

Cette église appartient au style ogival rayonnant, le plus commun en Auvergne après le style très particulier qu'on est convenu d'appeler auvergnat.

Elle a comme Notre-Dame de Paris, trois nefs sans bas-côtés, trois nefs étroites, hautes, qui semblent s'élancer vers le ciel avec la pensée des fidèles, dans un enthousiasme de foi.

Quelques vitraux du xiii° siècle ornent encore les fenêtres qui éclairent le côté gauche du chœur. On y a placé le Jacquemart d'Issoire. On sait que sous le nom de Jacquemart, on désigne les horloges dans lesquelles l'heure est sonnée par des personnages qui sont le plus souvent des hommes d'armes. Ici, c'est un Mars et un Faune, grandes figures de chêne sculpté, qui frappent sur le Temps, allégorie assez obscure et au moins singulière dans une église.

L'heure nous appelle du côté du déjeuner.

Nous rentrons par le plus court chemin ; au seuil de l'hôtel, nous rencontrons M. et Mme Deschamps qui sont venus déjeuner avec nous, afin, disent-ils, d'être exacts pour l'heure du départ.

André Savenay qui nous avait quittés, arrive à son tour, équipé de toutes pièces : sac à plusieurs poches, grand marteau pour détacher les pierres, petit marteau pour échantillonner, tamis pour isoler les fossiles, barreau aimanté pour déterminer l'orientation des strates, chalumeau et flacon d'acide à bouchon plongeant pour les essais, rien ne lui manque, pas même la petite boîte d'étiquettes gommées ni la loupe obligatoires.

Mme Deschamps l'accueille avec une cordiale poignée de main, Mlle Suzanne lui adresse le plus bleu de ses regards et son doux sourire à fossettes.

A midi et demi, heure militaire, nous rejoignons sur la place les excursionnistes Clermontois au nombre de quinze environ ; notre caravane a désormais des proportions fort respectables.

Trois de ces petits omnibus qui rappellent pour leur forme les voitures de certains de nos tramways parisiens, nous emportent vers Royat par la rue Blatin et le bourg de Chamalières, moyennant la somme de vingt-cinq centimes par personne.

Un jeune garçon à peu près de l'âge de Raoul et costumé comme lui, à la dernière mode, guette d'un air impatient l'arrivée des voitures.

C'est Roger d'Esteil, le chef actuel de la branche aînée, il est beaucoup moins distingué que M. le vicomte : gros, rougeaud, un peu trapu, noir de cheveux et de sourcils.

Il s'empresse autour de Raoul.

— Ah! te voilà, enfin! Je croyais que tu n'arriverais jamais. Je ne m'amuse pas ici, tout seul avec maman. Je suis bien content de te voir. Ta mère va bien, ton père va bien ; vous avez eu des nouvelles?

Il reprend sa dignité pour saluer M. Deschamps et la reperd aussitôt pour sauter au cou de Marie, de Suzanne et du professeur qui sont, à ce qu'il paraît, de vieilles connaissances pour lui.

Sa mère est dans le parc, elle attend qu'il aille l'avertir que nous sommes là.

Les dames l'accompagnent pour aller présenter leurs respects à Mme d'Esteil qu'elles amènent bientôt après.

Si ce n'est pas un remède contre l'obésité qu'elle demande aux eaux de Royat, je ne sais pas ce que Mme d'Esteil est venue chercher.

Elle s'avance avec beaucoup d'empressement, portant sous son bras gauche un affreux havanais de physionomie hargneuse, enjolivé de nœuds couleur de rose dont l'effet prétentieux n'ajoute rien à sa beauté.

— Quelle joie de revoir ce cher M. Pagès et cette jolie Suzanne, est-elle embellie ! taisez-vous, Cara.

Cara, c'est le havanais ou plutôt la havanaise puisqu'elle porte un nom féminin.

— Bonjour Raoul, est-il gentil ce petit Raoul, il a un petit museau si fin ; Roger, prends donc Cara un instant.

Je ne suis pas une savante, mais j'aime tant à entendre parler de science ! Vous ne pouvez vous figurer le plaisir que j'aurai à vous accompagner dans vos excursions, si le cher oncle veut bien de moi.

Roger ! pourquoi as-tu mis Cara par terre, viens Cara, pauvre amour !

Elle remet la chienne sous son bras.

Raoul se prête avec assez de froideur aux effusions de sa tante et de son cousin, il s'amuse à tirailler les poils de Cara dont l'aimable caractère se révèle par des grognements.

Nous sommes retournés en arrière, sur la route par laquelle nous sommes venus, nous voici devant la grotte Saint-Mart, jadis objet de terreurs superstitieuses, aujourd'hui curiosité scientifique et station médicale.

Un écriteau nous apprend, en quatre langues, la quantité d'acide carbonique exhalé du sol sous les pressions et les températures diverses, les variations de hauteur de la couche du gaz, combien de temps les chiens, les oiseaux, les grenouilles, les serpents, etc., peuvent y demeurer plongés avant de tomber en syncope.

Nous sommes massés au fond de la grotte, derrière l'estrade sur laquelle les visiteurs montent pour se tenir au-dessus de la couche de gaz, le gardien commence son boniment, que le professeur placé au premier rang écoute de son air bon enfant.

De temps en temps, un monsieur et une dame qui étaient là avant nous, piquent une tête dans l'acide carbonique. Ce sont deux asthmatiques qui se soignent, il paraît que ce traitement est souverain pour les affections des voies respiratoires pourvu qu'on ne soit pas trop prompt à l'asphyxie.

— Chut! fait Raoul en donnant un coup de coude à Roger, ma tante qui nous prépare une expérience.

En effet, après quelques caresses et quelques questions affectueuses touchant l'impression de Cara à la vue des beautés de la grotte, Mme d'Esteil venait de déposer le malheureux havanais juste dans la couche d'acide carbonique.

Le nœud rose qui retenait le toupet de Cara sur son front, ne

tarda pas à décrire des oscillations désespérées, tandis que le petit chien titubait comme un homme ivre en s'efforçant de rejoindre sa maîtresse.

— Qu'est-ce qu'il a donc ton chien, dit Raoul, pour attirer l'attention de tout le monde.

— Ah ! mon Dieu ! Cara ! qu'est-ce qui lui prend ? Monsieur Pagès, voyez donc, je vous en prie. Ah ! mon Dieu, Cara ! ne fais donc pas comme cela.

Cara n'entendait plus, l'asphyxie l'étreignait déjà, Suzanne se baissa vivement et l'enleva à l'atmosphère délétère dans laquelle elle allait mourir.

— Que faire, que faire ? criait Mme d'Esteil en tournant sur elle-même et en tamponnant son front pour y sécher la sueur d'angoisse qu'y faisait perler la situation critique de Cara.

— L'emmener dehors, dit Suzanne.

— Vous venez, Messieurs, d'assister inopinément à une expérience des plus intéressantes, disait le professeur.

Mme d'Esteil lui jeta un regard courroucé et sortit tragiquement de la grotte, en pressant sur sa poitrine le petit chien inanimé.

— Nous sommes, ici, en présence d'un phénomène analogue à celui de la célèbre grotte du chien aux environs de Naples.

On admet que l'acide carbonique de cette grotte est dû comme la solfatare de Pouzzole elle-même à l'action volcanique. Vous savez en effet, messieurs, qu'un volcan dont l'activité s'affaiblit, se transforme en solfatare ou moffette d'où s'exhalent principalement du gaz acide sulfureux et du gaz acide carbonique. Nous sommes donc en droit de rattacher le phénomène de cette grotte à la proximité de l'ancien volcan de Gravenoire qui domine la vallée et dont nous allons tout à l'heure gravir les pentes couvertes de cendres et de scories.

Les gaz qui se dégagent ainsi, et souvent en si grande abondance (à Pouzzole, ils présentent une couche épaisse de 40 centimètres et ici, une couche moyenne de 60 centimètres), se font jour, comme les sources thermales, à travers ce que nous appelons des failles.

Les failles sont de grandes fêlures qui se prolongent dans l'épaisseur de l'écorce terrestre, jusqu'à des profondeur inconnues. Leur largeur, toujours très restreinte, est parfois comparable à l'épaisseur d'une feuille de papier.

Rien ne nous donne plus l'idée de stabilité que ce sol sur lequel nous marchons, que nous donnons pour base à nos édifices, que nous couvrons de nos cités. Cependant, qu'est-ce que la mince pellicule solide dont notre globe est recouvert, si nous la comparons au volume de ce globe? Pas même ce qu'est à l'œuf, la légère coquille qui le contient.

Si nous ajoutons à l'excessive minceur de la croûte terrestre son extrême mobilité, la température élevée du vaste réservoir qu'elle recouvre, nous comprendrons aisément qu'il s'y produise des fissures par lesquelles les gaz intérieurs s'échappent.

Pendant que le professeur parlait, le gardien poursuivait la série de ses expériences accoutumées. Il remplissait un arrosoir d'acide carbonique et en déversait le contenu sur une bougie allumée qui s'éteignait aussitôt, il faisait des bulles de savon et les lançait au fond de la grotte où elles roulaient à la surface de la couche de gaz comme des billes sur une table, au grand amusement de Mme Deschamps et des jeunes d'Esteil qui ne tardèrent pas à se substituer au gardien dans la confection des bulles de savon.

Nous avions examiné la bombe volcanique engagée dans la voûte de la grotte, regardé la statuette qui représente un personnage sans doute très célèbre dans son temps, mais totalement inconnu aujourd'hui ; il ne nous restait plus qu'à témoigner notre gratitude au gardien et à nous en aller.

A notre sortie, nous trouvâmes Mme d'Esteil assise sur la chaise de la femme qui vend des notices et perçoit les entrées ; elle prodiguait les soins et les caresses les plus tendres à sa bien-aimée Cara encore sous l'empire d'une espèce d'ivresse.

Suzanne offrit gracieusement de la soulager de son précieux fardeau, elle refusa non moins gracieusement et nous prîmes le chemin de Royat ou plutôt de Saint-Mart, son faubourg, où se trouvent le parc, l'établissement de bains et les hôtels de la station thermale.

Un des plaisirs favoris de ceux qui visitent les villes d'eaux en simples curieux, c'est d'observer la grimace des buveurs groupés autour des sources : les vrais malades qui s'efforcent de surmonter leur répugnance et boivent avec recueillement, les malades imaginaires qu'épanouit l'idée d'ingérer une substance médicamenteuse, les femmes nerveuses dont les traits s'altèrent rien qu'à l'odeur du bienfaisant breuvage, les gens qui avalent péniblement et, gorgée par gorgée, la moitié d'un verre et ceux qui aiment ce goût-là et ingurgitent l'eau minérale avec des claquements de langue satisfaits.

Nous pûmes nous amuser de ce tableau auprès de la source Sainte-Eugénie, nous y arrivâmes justement à l'heure de la buvette et des gargarismes.

Le professeur nous fit remarquer le bouillonnement de l'eau et nous fit constater qu'il n'était pas dû à la température de la source mais bien au dégagement d'acide carbonique.

— Je suis bien aise que vous nous ayez appris cela, s'écria Mme d'Esteil ; retiens bien ce que vient de dire M. Pagès, Roger, toi aussi Raoul : L'eau bout, bien qu'elle ne soit pas chaude, parce qu'il en sort, il s'en dégage, comment avez-vous dit, cher monsieur ? Mon Dieu, Cara, que tu es fatigante ! Prends-la un peu, Roger.

Le vieux monsieur suggère qu'on pourrait bien laisser marcher la chienne, ce qui lui vaut une foule d'explications sur la santé de Cara et sur celle de sa maîtresse qui est venue à Royat parce qu'elle est anémique.

— Pas possible ! s'écrie naïvement le vieux monsieur.

Nous ne nous arrêtons pas à visiter le grand établissement, ni les bains de César, ainsi nommés parce qu'ils s'élèvent sur l'emplacement de thermes romains dont on a retrouvé la piscine en faisant des fouilles. Nous montons vers le village de Royat et nous gagnons la rive droite de la Tiretaine. Les deux causeurs nous rejoignent en vue de la cascade, le vieux monsieur a galamment offert l'appui de son bras gauche à la comtesse et porte l'aimable havanais sous son bras droit : spectacle irrésistible qui arrache un sourire au professeur lui-même.

Les blanchisseuses qui lavent leur linge dans le lavoir à l'entrée de la grotte des Sept Sources, laissent un moment la brosse et le battoir inactifs pour nous considérer avec étonnement ; elles ne s'expliquent pas pourquoi tant de messieurs et de dames se sont réunis devant la grotte et examinent si attentivement les prismes de basaltes entre lesquels court la Tiretaine.

Elles nous suivent encore des yeux que nous sommes déjà parvenus au sommet de l'étroite ruelle menant à la place de l'Église.

Très curieuse, cette petite église avec son clocher octogonal et sa terrasse couronnée de machicoulis. Elle rappelle les églises fortifiées bâties par les Templiers. Sa construction remonte au xi° siècle, peut-être même au x°.

Du haut de la terrasse, nous suivons le cours torrentueux de la Tiretaine, le long de la vallée de Royat toute couverte de la verdure lustrée des châtaigners ; à l'ouest s'élève le Puy-de-Dôme entouré de son cortège de puys ; plus près, au sud, c'est le puy de Gravenoire dont nous escaladerons tout à l'heure le sommet couronné de pins.

Le hasard de la promenade rapproche un instant Savenay de Mme Deschamps.

— Vous êtes parent de Jacques, dit la jeune femme à demi-voix, je le sais, votre ami me l'a dit. Je vous supplie de ne point parler de Jacques devant ma sœur.

Si André avait été aussi franc que le faisait supposer l'honnête regard de ses yeux bruns, sa physionomie ouverte, ses manières simples, il aurait répondu que la recommandation arrivait un peu tard ; il se contenta d'affirmer qu'il était incapable de dire ou de faire la moindre chose propre à troubler le repos de Mlle Suzanne et quitta Mme Deschamps aussitôt qu'il put le faire poliment.

C'était la seconde fois que le nom de Jacques Savenay était prononcé près de moi. Qui pouvait être ce Jacques, quelles relations avait-il avec la famille Pagès ?

Je n'étais pas au bout de mes étonnements ; Suzanne venait de rejoindre André sans affectation, elle l'interrogeait avec inquiétude. Qu'est-ce que Marie avait pu lui dire ! Elle lui avait peut-être demandé s'il était parent de Jacques. C'était inutile qu'elle connût leurs liens de parenté, leur amitié passée.

— Marie aussi l'a méconnu, poursuivit Suzanne, ne lui dites rien de lui, cela vaut mieux pour lui et pour moi.

Elle parlait d'une voix si émue, elle tournait vers André des yeux si suppliants qu'il ne pouvait faire moins que de s'écrier : Disposez de moi, vos désirs seront des ordres, et de serrer la main de Mlle Pagès en ajoutant : je l'aime tant, notre infortuné Jacques !

De plus en plus intrigué, je me demandais, en gravissant les flancs abrupts du puy de Gravenoire le long desquels la caravane s'était égrenée pour éviter l'ennui des interminables lacets de la route, quel mystère cachaient ces interrogations et ces exhortations réitérées à propos de Jacques.

Il n'y avait là aucun secret coupable, certainement ; il ne me vint même pas à l'idée d'élever un soupçon contre Suzanne, elle était trop jeune fille, son regard était trop pur, son sourire était trop candide, elle ne pouvait avoir que d'honnêtes secrets.

Néanmoins, je voulais avoir le mot de cette énigme. Je résolus donc, non pas de questionner, j'étais incapable d'une pareille inconvenance, mais de faire parler le vieux monsieur.

Nous étions liés, autant que le permettaient nos âges respectifs, par une espèce de camaraderie ; le premier arrivé au cours, retenait une place à l'autre, nous nous communiquions nos notes, nous nous rendions compte de ce qui s'était passé aux leçons auxquelles nous n'avions pu assister ; il connaissait les Savenay et les Pagès, il était causeur..... Que celui dont la curiosité n'a jamais été éveillée par les affaires d'autrui, me jette la première pierre.

Infatigable comme au temps de sa jeunesse, le professeur était à l'avant-garde des grimpeurs, suivi de près par ses nièces qui joûtaient en riant, avec Raoul et Roger.

M⁰ᵉ d'Esteil et le vieux monsieur, retenus par leur embonpoint, s'avançaient lentement sur la route, escortés de Cara essouflée et plaintive.

Au bout d'une heure d'ascension assez pénible, nous étions réunis sur le sommet de la montagne d'où nous suivions des yeux les deux immenses coulées de lave produite par le volcan lorsqu'il était en activité. L'une s'en va vers le sud, du côté de Ceyrat, l'autre a coulé vers le nord, c'est celle où la Tiretaine a creusé son lit.

Au delà des dernières ondulations de la chaîne des puys, se déroulent, à perte de vue, comme un immense lac, les riches plaines de la Limagne d'Auvergne.

A l'époque miocène, cette fertile région était occupée par un grand lac d'eau douce peuplé de plantes et d'animaux aquatiques. La période d'activité des puys n'était pas encore finie que déjà le grand lac s'était écoulé laissant à nu la vase de son lit et les innombrables êtres qui vivaient dans ses eaux. Des sources chargées de chaux, transformèrent peu à peu ces débris en couches calcaires, puis d'autres sources, plus chaudes, exhaussèrent le sol en déposant à leur tour de la silice et du gypse. Ce fut ainsi que se forma cette plaine que les alluvions modernes, composées en grande partie de cendres volcaniques, ont rendue si féconde.

Le puy de Gravenoire lui-même est très beau, avec ses pentes dont la culture s'est emparée, partout où il s'est formé assez d'humus au-dessus des cendres rouges et noires ; avec ses carrières de pouzzolane ouvertes pour l'exploitation de ces cendres ou graves, et son pittoresque bois de pin dans l'ombre duquel éclatent comme des aigrettes de flamme, les longues grappes de fleurs des digitales pourprées.

Il n'a pas de cratère, à peine remarque-t-on sur la cime, quelques dépressions si légères que, de loin, elles sont insensibles à l'œil et n'altèrent pas le contour régulier de la montagne.

L'enfer et la *cheminée* sont les deux points les plus intéressants pour le géologue par suite de l'abondance des scories mêlées aux cendres et de la bizarrerie de leurs formes en anneaux, en spirales, en cylindres. Ce sont pour la plupart des bombes volcaniques. On sait que les bombes sont des lambeaux de lave projetés en l'air à l'état pâteux, et qui, par suite du mouvement de rotation plus ou moins rapide qu'ils prirent dans leur ascension, ont acquis des formes arrondies très caractéristiques, par exemple celle de larme, d'amende ou de noyaux. On trouve parfois à l'intérieur, des fragments de roches cristallines, granit ou dunite, fragments qui ont peut-être été arrachés aux couches primitives de consolidation.

La route est embaumée du parfum délicat de la linaire striée dont les petits mufles lilacés se mêlent aux touffes bleues de deux globulaires et aux petites croix jaunes de la biscutella.

Nous ramassons quelques échantillons à la descente, et les dames se chargent chacune d'un fagot de fleurs.

Mme d'Esteil n'est pas décidée à nous suivre à Thiers, elle nous quitte à Royat, confiant son fils à Mme Deschamps et à « sa jolie Suzanne » : c'est ainsi qu'elle s'exprime toujours en s'adressant à Mlle Pagès.

Femme souvent varie; ce qui fut jadis écrit pour une princesse peut, paraît-il, s'appliquer à Mme la comtesse d'Esteil : un télégramme nous apprend, à notre retour, qu'elle nous accompagnera si nous voulons bien prendre le train de dix heures au lieu de celui de six heures.

Comment faire ? Rester toute la matinée à flâner par les rues de Clermont ? Cela n'a rien d'engageant. Se montrer grossier envers Mme d'Esteil c'est impossible. Cara aurait bien dû soulever des objections contre cette promenade.

Une femme capricieuse est une terrible compagne de voyage, mais combien la présence d'une femme aimable peut, au contraire, colorer en beau les difficultés de la route, en adoucir les fatigues, en diminuer les ennuis. Et quand ce sont deux femmes aimables qui se concertent pour vous rendre le voyage agréable, combien de charmes il acquiert !

Nous avons ce bonheur de compter deux femmes aimables dans nos rangs; elles nous proposent de rester à Clermont jusqu'à dix heures, pendant que d'un pied léger, nous arpenterons la route pittoresque de Clermont à Lezoux. Là, un de ces wagons de troisième classe dont les compartiments sont simplement séparés par des planches à hauteur d'appui, nous réunira tous ou presque tous jusqu'à Thiers.

Vingt-cinq kilomètres à parcourir à la fraîcheur matinale, c'est un jeu pour des touristes aguerris.

Pauvre Roger, pauvre Raoul ! Cette promenade les tente fortement, mais Mme Deschamps ne leur laisse pas le choix, elle les garde avec elle.

Un vrai despote, cette petite femme si gaie.

Inutile de dire que le lendemain, les deux cousins dormaient à poings fermés lorsque nous nous mîmes en marche aux premiers feux du jour.

Nous sortons de Clermont par la barrière des Jacobins ; d'un côté se dresse Montferrand, de l'autre Montrognon, dominant le plateau de Gergovie. Nous atteignons bientôt un joli petit village enfoui sous la verdure : c'est Herbet avec les restes de son église romane et son ancienne maladrerie. En face d'Herbet, s'étend la Limagne coupée de guérets blonds, de vignobles déjà rougis par les chaleurs de l'été, de prairies verdoyantes et d'avoines bleuâtres. Voici le puy de Crouël isolé au milieu des vignes, et, presque vis-à-vis, le puy de la Poix, ainsi nommé du malthe ou pissalphate qui suinte à travers les fissures des roches métamorphiques qui le composent.

Ce puy de la Poix n'est pour ainsi dire qu'une simple butte et la route n'en passe pas loin ; nous nous laissons entraîner par le désir de visiter les sources de pissalphate exploitées depuis plus d'un siècle et toujours abondantes.

Le bitume est très employé dans l'industrie, il sert à enduire les cordages et les bois qui doivent séjourner dans l'eau, à préparer les papiers bitumés pour toitures et à couvrir les trottoirs. Soluble dans l'alcool et dans l'essence de térébenthine, il entre dans la composition de plusieurs vernis grossiers notamment celui dont on couvre certains articles de quincaillerie. En Suisse, on s'en sert pour graisser les voitures.

C'est une substance glutineuse, à odeur de goudron, qui fond à la température de l'eau bouillante.

Elle se présente dans la nature sous plusieurs aspects ; tantôt elle s'écoule presque pure, comme au puy de la Poix, à travers les fentes des roches sur lesquelles elle se répand et forme un enduit comparable à une couche de poix, tantôt elle est agglutinée avec de la terre ou du sable dont on la séparé en chauffant le tout suffisamment pour la faire fondre.

Bien que la consistance, la couleur et la transparence des bitumes soient très variables, puisqu'il en est de mous comme le malthe ou pissalphate, de liquides comme le pétrole, de solides comme l'asphalte, leur composition chimique diffère peu et leur origine doit être la même.

Le jeune homme myope s'intéresse beaucoup à cette question; il pense que les bitumes ont dû se produire par la distillation des masses végétales dont les dépôts houilliers sont composés, absolument de la même manière que le goudron est produit par la distillation de la houille, en vases clos, dans nos usines à gaz.

— Peut-être, peut-être, répond le professeur. Cette opinion a des adhérents dans la science, sans qu'on ait rien découvert qui vienne la confirmer. Elle est au contraire combattue par plus d'un fait.

Ainsi, la plupart des sources bitumeuses sortent de roches ignées antérieures à la houille. On les rencontre aussi dans les régions où il y a des salses, des dépôts de soufre, de sel, dans des terrains encore agités par les phénomènes plutoniens.

Le jeune homme entreprend de soutenir sa théorie; c'est malheureux qu'il soit si timide, ce garçon, car il est réellement très fort, la discussion qu'il a entamée avec le professeur le fait bien voir.

M. Pagès paraissait enchanté d'avoir un élève en état de se former des opinions personnelles et de les défendre par des arguments scientifiques. Il n'aimait pas ce qu'il appelait les hommes de foi pour lesquels l'hypothèse la plus fantastique devient parole d'Evangile pour peu qu'elle soit émise par quelqu'un qui passe pour savant ou qu'elle soit imprimée dans un livre.

Il affirmait que, pour ces cerveaux faciles à pétrir, les seules choses incroyables étaient les faits démontrés. De là venait sans doute la bonté paternelle avec laquelle il accueillait les objections de ses élèves.

N'allez pas croire cependant qu'il aimât ces douteurs féroces que rien ne peut convaincre, il les goûtait au contraire fort peu, n'appréciant, comme tous les sages, que le parfait équilibre.

Je reviens au puy de la Poix.

Après avoir examiné les sources, nous fouillons les fentes des roches pour trouver des calcédoines assez communes, dit-on, dans ce lieu. Nos recherches sont à peu près infructueuses ; aucun de nous ne rencontre un échantillon digne d'être recueilli.

Au faîte du Puy, un menhir renversé sert de point d'appui au mur de clôture d'un jardin ; les monuments druidiques sont nombreux sur le plateau central, nous en reverrons d'autres plus tard.

Nous redescendons sur la route et nous gagnons Pont-du-Château que nous traversons sans nous arrêter, ni pour visiter l'église de construction romane, ni pour admirer le château de Canillac avec ses terrasses en amphithéâtre.

Quelques bateaux attachés le long de la rive de l'Allier rappellent seuls l'ancienne activité de ce petit port ruiné par le chemin de fer.

Plus loin s'élève un autre château, celui-là est moderne, il s'appelle Chignat. Une petite ville qui s'étage sur une colline, attire ensuite nos regards, c'est Vertaizon ; nous ne sommes plus loin du terme de notre course. Quand nous aurons dépassé Beauregard, l'ancienne résidence de campagne des évêques de Clermont, nous serons presque arrivés.

Le château de Beauregard a encore grande mine, vu de loin ; il fut construit à la fin du xv° siècle par Charles de Bourbon qui le légua aux évêques, ses successeurs. Massillon y passa les dernières années de sa vie et y mourut.

Lezoux !

Quelle heure est-il ? Dix heures. Nous avons cinquante-quatre minutes à rester là. Qu'y a-t-il à voir ?

Nous ouvrons nos guides : « Lezoux, ancienne ville fortifiée, il ne reste des remparts que quelques tours transformées en colombiers. L'église romane de Notre-Dame sert de remise à une auberge, la chapelle des Augustins est devenue une écurie. »

Il n'y a rien à visiter que le château de Fontenille et l'emplacement des fabriques de poterie gallo-romaines.

Là, on nous montrera l'endroit où des fouilles firent découvrir les fours, puis celui où l'on a trouvé des moules avec beaucoup de tessons dont nous pourrons nous approvisionner sans difficulté.

L'emplacement des fabriques de poterie excite médiocrement notre curiosité. Reste le château.

M. Deschamps suggère qu'en achetant la photographie de Fontenille, nous le connaîtrons presque aussi bien que si nous y étions allés et qu'en fait de visite, la plus pressée serait celle d'un établissement où l'on pourrait se rafraîchir.

Des observations nombreuses et répétées l'ont convaincu, dit-il, que le premier résultat de la construction d'un chemin de fer, est l'établissement d'un cabaret, d'où il est certain de rencontrer ce qu'il nous faut dans le voisinage de la gare.

Nous rions de ce paradoxe, ce qui ne nous empêche pas de suivre M. Deschamps et nous sommes bientôt assis commodément devant la porte d'un café, causant de notre promenade, des industries de l'antiquité et du capitaine Chappes, l'héroïque défenseur de Fontenille, qui aurait sans doute conservé ce château au roi, s'il n'avait été tué dans son lit où le clouait la maladie, par un des projectiles lancés sur le château.

Dix heures cinquante-quatre, voici le train attendu. Nous nous hâtons de monter dans le wagon que nous indiquent depuis quelques secondes déjà, les jeunes d'Esteil en agitant leur mouchoir aux portières.

Après Lezoux, la route change d'aspect; elle serpente au milieu des bois et traverse les terrains où l'on voit souvent le granit et l'argile à nu, l'horizon est fermé par les montagnes qui séparent l'Auvergne du Forez.

A Pont-Dore, nous voyons déjà Thiers si pittoresquement suspendu aux derniers escarpements du Besset qu'on dirait une ville peinte sur la montagne, suivant l'expression de La Bruyère.

Une discussion s'est engagée sur l'emploi de la fin de notre journée : ferons-nous l'ascension du Montoncel ?

— Hum ! cinq heures, lorsqu'on a déjà vingt-cinq kilomètres dans les jambes.....

C'est le vieux monsieur qui parle ainsi, par intérêt pour nous sans doute, puisqu'il a fait la route en chemin de fer.

On propose alors une promenade aux rochers de la Margeride. Les avis se partagent et chaque camp se cantonne si bien dans son opinion qu'à l'unanimité nous décidons de nous diviser en deux groupes, comme nous l'avons déjà fait le matin. Il y aura double avantage pour tout le monde puisque tout en faisant chacun à son gré, on connaîtra les détails des deux excursions.

Un monsieur qui habite aux environs de Clermont, nous affirme que Thiers est ainsi nommé parce que, de quelque côté qu'on le regarde, on n'en voit jamais que le tiers.

Les étymologistes sourient, ils rappellent le Tigernum castrum dont parle Grégoire de Tours, et Thierry, fils de Clovis, qui s'empara du dit Tigernum en l'an 532.

Il ne reste plus trace de la petite forteresse du vi° siècle, ni du château qui la remplaça ; le seul vestige de ces temps reculés est l'église paroissiale, édifice roman fort délabré qui fut construit en 575, d'après une des inscriptions que portent ses voûtes.

M°° d'Esteil qui a une manière particulière de visiter les villes, nous récite plus ou moins fidèlement, la description que Georges Sand a faite de Thiers dans un roman dont la comtesse a oublié le titre, bien qu'elle déclare ledit roman, de tout point admirable.

C'est la ville noire par ci, les murailles de basalte par là et des exclamations à n'en plus finir sur ce que la comtesse semble voir aussi nettement que si cela existait en réalité.

Pour nous, nous sommes assez déconcertés. La vieille ville est bâtie en pan de bois et pisé, la neuve, en une roche jaunâtre qui ne répond pas même de loin à la description de M°° d'Esteil.

Nous avons rencontré sur le marché un brave homme qui nous pilote à travers les rues roides, étroites et tortueuses de la vieille ville, nous signalant les plus remarquables parmi les maisons du xiv°, du xv° et du xvi° siècle. Nous en voyons de fort belles dans la rue de Lavaur mais la perle est celle du Piroux qu'on appelle le château.

Le vieux monsieur voudrait savoir d'où vient ce nom de Piroux, si le château l'a donné à la place ou la place au château ; le guide l'ignore. Soit pour se tirer d'embarras, soit qu'il juge ces questions trop futiles pour s'y appesantir, il change de conversation. Il nous fait voir les passages qui unissent certaines maisons par dessus la rue, et nous affirme que toutes les maisons étaient reliées ainsi au temps jadis, de sorte qu'on pouvait faire le tour de la ville sans descendre dans la rue.

Nous arrivons sur la terrasse du rempart. Oh ! la belle vue, bien préférable, selon moi à toutes les vieilles rues enfumées du monde. Jusqu'au pied des Monts-Dômes dont nous voyons la chaîne tout entière, la Limagne déroule ses champs fertiles rayés de verts pâturages et de blondes moissons. A l'horizon, les Monts Dore élèvent au-dessus des dômes, leur front encore sillonné de neige. La comtesse n'a sans doute pas lu de descriptions de ce panorama dans ses romans favoris, car elle se borne à un échange d'impressions avec Cara.

Maison dite château du Piroux

Sur la place aux arbres, autre panorama : c'est le rocher de la Margeride qui projette sa silhouette sauvage dans le ciel clair avec la Durolle roulant ses eaux au pied de la ville et dont nous entendons au loin bruire les cascatelles. Un vrai paysage de montagne.

Notre guide nous fait visiter ensuite l'église paroissiale de St-Genès, remarquable par la variété des chapiteaux de ses colonnes ; dans une ruelle voisine, une maison romane et plus loin, nous dirigeant vers la Durolle, Saint-Jean, vieille église fort étrange dont il attribue la construction « aux païens protestants ». Raoul se pâme, le professeur lui-même sourit, André seul a gardé son sérieux parce qu'il est fort occupé à expliquer certains détails d'architecture à Mlle Suzanne.

En sortant de l'église St-Jean, nous jetons un regard sur le cimetière où les tombes pressées ont l'air de s'accoter les unes contre les autres de peur de glisser sur la pente abrupte le long de laquelle elles s'étagent, puis nous nous engageons dans un chemin raide et pierreux au bout duquel nous traversons la Durolle pour prendre la belle route qui en longe la rive gauche. Chemin faisant nous passons devant une porte fortifiée qui appartenait à un couvent de bénédictins dont la chapelle existe encore sous le nom d'église du Moûtier et nous voilà côtoyant la rivière dont nous remontons le cours, admirant ses nombreuses cascatelles, les grandes coutelleries assises sur ses bords, les groupes désordonnés des maisons de bois noirâtre de la rive droite, et la ville de Thiers étageant ses maisons jusqu'au sommet du Puy Besset.

Tout est bien changé, nous dit le vieux monsieur : Jadis, point de ces grandes usines dans lesquelles l'acier entre en barres pour ressortir sous forme de couteaux, de ciseaux, de rasoirs ou de canifs.

Le travail en famille était plus en honneur qu'aujourd'hui, on ne voyait sur la rivière que de petits bâtiments de deux étages qui étaient des aiguiseries, des rouets comme on disait dans le pays. Au rez-de-chaussée, la rivière servait d'auge aux meules à aiguiser ; au premier, étaient les ateliers de polissage.

Nous demandons naturellement à être admis dans une coutellerie. Un ouvrier qui nous conduit, nous initie sommairement aux diverses opérations qui constituent la fabrication d'un couteau.

La division du travail est poussée à ses dernières limites, ce qui permet d'atteindre les dernières limites du bon marché, sans nuire à la qualité de la marchandise.

Avant d'être livré au commerce, un couteau passe par douze ou quatorze mains ; l'ouvrier qui forge la lame ne forge pas le ressort ni la platine. Outre les forgerons, il y a les trempeurs, les limeurs, les émouleurs, les polisseurs, les scieurs de manches, les cacheurs ou apprêteurs de corne, les monteurs, les faiseurs de rosettes, les mîtreurs, les finisseurs et les plieurs auxquels il faut ajouter les gaîniers pour certains articles.

Les ouvriers sont tous aux pièces ; aussi les voyons-nous tous assidus à leur tâche, c'est à peine s'il détournent la tête pour nous voir passer.

Depuis notre entrée dans l'usine, nous n'avons cessé de descendre ; nous franchissons un dernier étage et nous pénétrons dans l'aiguiserie. Sept à huit jeunes garçons étendus à plat ventre sur des bancs inclinés, présentent les lames, maintenues dans un support en bois, à la morsure des meules mises en mouvement par une dérivation de la rivière.

L'un d'eux se relève afin de nous permettre de voir la disposition des bancs qui sont munis de deux coussins, l'un pour appuyer la poitrine, l'autre pour soutenir le ventre. Plusieurs chiens rôdent dans l'atelier ou somnolent, couchés en rond sur les jambes des ouvriers.

Mᵐᵉ d'Esteil s'imagine aussitôt qu'ils jouent le rôle de contrepoids et qu'ils préservent leurs maîtres des dangers d'une chute la tête la première dans la rivière. Notre conducteur arrête les élans de sensibilité de la comtesse en lui apprenant que ces chiens sont simplement des chaufferettes vivantes.

Maintenant nous remontons ; au dessus de l'aiguiserie est l'atelier de polissage. Encore un dur travail ; au lieu de tourner dans l'eau, les meules sont arrosées d'huile et d'émeri, mais les polisseuses — ce sont des femmes qui occupent cet atelier — sont couchées sur un banc comme les aiguiseurs, avec un chien sur les jambes. L'une d'elle nouvellement mère avait remplacé le toutou par son nourrisson.

— Pauvre femme, soupirèrent les nièces du professeur !

— Roger ! s'écria Madame d'Esteil, fais attention, si ces vilains chiens allaient s'élancer sur Cara.

Non, donne la moi ; viens chère adorée, je saurai te défendre !

Les ouvrières eurent pour la dame le même coup d'œil hargneux que leurs compagnons pour la havanaise au toupet noué de rubans rose.

— Pauvres gens, pauvres gens ! disait le vieux monsieur, oubliant sa prise entre ses doigts ; oui, oui, oui ! les vieux usages, la routine, les pères faisaient ainsi, les enfants ne veulent pas admettre d'autres procédés. Ce n'est pas un travail auquel sont soumis ces aiguiseurs et ces polisseuses, c'est une torture ! et ils ne veulent pourtant pas renoncer à un procédé que les coutelleries de Thiers emploient seules aujourd'hui. Oh ! la routine, la routine !

L'aimable Cara s'était mis peu à peu dans la tête de répondre par un coup d'éclat aux regards malveillants des caniches, elle grognait avec de violents efforts pour se dégager des bras de Mme d'Esteil; celle-ci regagna en toute hâte la rive gauche de la Durolle où nous ne tardâmes pas à la rejoindre, après avoir fait des emplettes plus ou moins inutiles. Le vieux monsieur s'offrit un de ces couteaux pliants à lame contournée que les Catalans appellent des *navajas* et qu'ils lancent avec une si incroyable dextérité.

Si jamais vous visitez l'Espagne, ne choisissez pas une *navaja* comme spécimen de l'industrie du pays, il est probable qu'elle viendrait de Thiers, quand même elle porterait Tolède écrit sur sa lame, comme celle de notre aimable compagnon.

Le moment de nous séparer arriva. Nous nous étions arrêtés trop longtemps dans les coutelleries, devant les maisons vieilles, peut-être aussi à table, car il était tard quand nous avions déjeuné et nos appétits de vingt ans ne nous permettaient pas une collation hâtive. Il nous fallut donc renoncer à gravir le Montoncel ainsi nommé d'après l'étymologiste dont j'ai parlé, parce que le plateau dénudé du sommet produit sur la montagne l'effet de la tonsure sur une tête monacale. Montoncel aurait, d'après ce monsieur, le même sens que mont tonsuré, mont tondu. Que ses étymologies lui soient légères et que nos digressions ne nous soient point imputées à mal !

Je disais donc que malgré la décision prise par nous le matin, nous nous résignâmes, sans beaucoup de peine, à ne voir ni le Montoncel, ni sa forêt de hêtres, ni les scieries qui grincent au bord des nombreux cours d'eau qui serpentent sur ses flancs, ni le panorama splendide dont on jouit de son faîte.

Nous prîmes tout simplement la route qui conduit à la Margeride par les hameaux de Pont-Haut et de Degoulat.

Depuis l'incendie qui a détruit le bâtiment en forme de navire dont nous avions vu les ruines sur la Durolle, c'est là qu'on fabrique le papier à la forme pour le timbre.

Après nous être extasiés suffisamment sur la sauvage grandeur du site de la Margeride, nous gagnâmes la route neuve de Roanne, dite le Cordon, et nous en suivîmes les contours jusqu'à Thiers.

Autre arrêt extasié à deux kilomètres de la ville, environ, sur un petit plateau orné de bancs dont l'aspect parut réjouir les dames.

Le Cordon.

Le soleil s'inclinait à l'Occident, noyant la Limagne et les puys d'Auvergne dans une brume d'or; au sud-est les vallées de la Dore et de l'Allier s'emplissaient déjà d'ombre, à l'Est et au Nord, les chaînes du Forez s'estompaient dans un lointain bleuâtre; une fraîcheur pénétrante envahissait l'atmosphère, le silence se faisait partout, en nous et autour de nous.

Il fallut bientôt nous arracher à la reposante contemplation, l'heure du retour s'approchait. Nous traversâmes lentement l'industrieuse petite ville. L'activité du jour avait fait place au repos. Au bruit clair du marteau sur l'enclume, à la morsure de la lime sur l'acier, au clapotement des roues d'usines, avaient succédé les conversations autour de la table de famille, égayées par des rires d'enfants.

De mon wagon, je jetai un dernier regard sur la ville déjà envahie par la nuit, je lui envoyai une dernière pensée.

Ses vieilles maisons, ses âpres ruelles, l'aride montagne au penchant de laquelle elle s'accroche, sa rivière tourmentée n'ont laissé dans mon souvenir qu'une impression souriante, grâce aux calmes scènes de ce beau soir d'été.

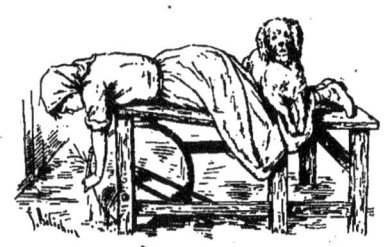

CHAPITRE III

Notre programme amenait pour le lendemain, l'ascension du Pariou suivie d'une course à Pontgibaud d'où nous gagnerions Volvic par chemin de fer, pour rentrer à Clermont par le même moyen.

Malheureusement, si le touriste propose, c'est trop souvent le temps qui dispose ; le lendemain matin, le soleil ne daigna pas éclairer Clermont, il se déroba derrière un écran de nuages couleur de cendre à travers lesquels perçait à peine une lumière blafarde.

Les excursionnistes apparaissent un à un, ils vont à la fenêtre, interrogent l'espace, vont au coin de la rue Blatin pour voir ce qu'annonce le Puy-de-Dôme, reviennent, secouent la tête en se regardant mutuellement, et ne savent que décider.

Des voix timides proposent de remplacer la course projetée par une visite aux musées ou par une conférence, sur la géologie du plateau central par exemple, ou sur les volcans : un de ces tableaux à grands traits dans lesquels excelle M. Pagès. Ces propositions trouvent si peu d'écho que leurs auteurs s'interrompent d'eux-mêmes.

Le vieux monsieur déguste mélancoliquement sa tasse de chocolat, en regardant les voitures alignées sur la place de Jaude pour attendre les clients qui ne viennent pas.

Quand la petite tache jaune, qui indique la place du soleil dans le ciel, devient un peu moins pâle, l'un de nous ne manque pas de s'écrier que le temps s'éclaircit. Vain espoir, la petite tache s'efface et le découragement nous reprend.

Il ne faudrait pas non plus partir trop tard, il est urgent de prendre une décision. Elle est prise : nous ne nous laissons pas influencer par un ciel plus ou moins menaçant, nous partons.

Le garçon de l'hôtel nous explique qu'à Clermont on ne peut jamais préjuger de la journée par le temps du matin ; le cocher de Mme Deschamps affirme que les nuages vont s'élever pour peu qu'il fasse du vent, et il en fait déjà dans les régions hautes, puisque le chapeau du Dôme change de forme à tout instant.

— Vous pouvez vous en aller Jean, nous vous suivons, vous nous attendrez à la Baraque. (Jean, c'est le cocher de Mme Deschamps, il emporte des provisions dans le coffre du break, car nous comptons déjeuner au sommet du Pariou).

Mme d'Esteil déclare que les routes bordées de murs sont fastidieuses, que la seule vue de ces maussades murailles grises la fatigue, que...... bref, elle monte dans la voiture en compagnie de l'adorée Cara.

Nous lui disons au revoir, et nous nous mettons en chemin de notre pied léger. Le fait est que la route n'est pas amusante en commençant, elle est pourtant plus animée que d'habitude à cause du changement d'escadron au camp de l'école de tir près de la fontaine du Berger. Les fourgons, les attelages, les cavaliers en uniforme s'y échelonnent formant un long convoi d'où part un grand bruit de ferraille. Deux lieutenants s'en vont côte à côte, au pas nonchalant de leurs montures, ils sont tout jeunes, frais débarqués de l'école, sans doute. Un colonel, retour du camp, les croise : un vieux à moustaches blanches, à l'air troupier, un colonel sorti du rang.

— Dites donc, vous autres, est-ce que vous n'avez pas autre chose à faire qu'a vous promener ? A vos hommes, et plus vite que ça !

Les lieutenants s'éloignent au trot.

Les nuages se déchirent çà et là, des lambeaux d'azur pâle se montrent au fond des trouées bientôt refermées par de nouvelles nuées. La direction du vent nous donne encore un peu d'espérance.

Laissant Durtol à notre droite, nous passons sous le pont du chemin de fer de Tulle et nous gagnons le cap de Prudelle, escarpement rocheux dont la crête est à 700 mètres d'altitude.

Clermont nous apparaît riant sous ses toits rouges, du milieu desquels jaillit la flèche grise de la cathédrale. Au delà, c'est la Limagne dont la plaine immense se confond à l'horizon avec le ciel brumeux.

Jean, admirateur passionné de la plaine grasse et féconde, ne peut se lasser de contempler la Limagne. Dans ses heures de contemplations, il a fait une découverte qu'il veut nous communiquer, aussi nous attend-il au cap Prudelle. Il nous poste tour à tour sur l'extrême bord de l'escarpement d'où la vue s'étend le

plus loin, il compare cette immensité à celle de la mer, la houle des moissons encore sur pied, à celle de l'océan; mais si l'on veut avoir tout à fait l'illusion du moutonnement des vagues, il faut regarder entre ses jambes, la tête en bas, et Jean de nous donner l'exemple.

Spectacle grotesque s'il en fut; nous sommes bientôt tous dans l'attitude d'un homme d'Etat bien connu, dans un souper resté célèbre.

Mme Deschamps et Suzanne partent d'un rire fou, Mme d'Esteil ne comprend pas, Cara aboie; Cara ne souffre pas qu'on manque de correction.

Nous remercions Jean qui fait joyeusement claquer son fouet en filant du côté de la Baraque.

A l'extrémité du plateau, nous traversons un cratère peu profond, mais assez large, dont une partie laissée intacte par la route, offre une forme circulaire très marquée.

L'intérieur de ce cratère est revêtu de prismes de basalte analogues à ceux de Royat, les bords en sont couverts de scories.

Nous atteignons bientôt la Baraque, hameau bâti sur la coulée de lave du Pariou. Le dôme se découvre tout à coup comme pour nous saluer au passage ou pour nous permettre d'admirer sa masse imposante. Nous nous applaudissons de notre résolution et nous poussons en avant, d'autant plus rassurés que le Pariou nous apparaît, à son tour, herbu, chatoyant, de ce vert tendre glacé d'argent que prend la verdure par les jours gris, découvert de la base jusqu'au bord du cratère, à peine voilé d'une frange de vapeurs.

Nous voyons plusieurs petits hameaux : Orcines dont les quelques maisons s'élèvent à notre gauche, Chez Vasson et Pont de Cheire, que nous traversons, enfin la Fontaine du Berger. Entre les deux derniers, s'étend une de ces plaines stériles auxquelles les Auvergnats donnent le nom de Cheire, les Siciliens celui de *Sciarra* et que les Américains du Nord appellent Mal-Pays.

Cheire

M. Pagès nous explique, sur place, la formation de ces coulées bossuées, déchiquetées, couvertes par endroits de fragments de lave redressés comme les glaçons d'une rivière, le jour d'une débâcle. A une faible distance de sa source, dit-il, la lave éprouve un refroidissement considérable par suite du rayonnement de la chaleur et de l'expansion subite des gaz ; la conséquence de ce refroidissement est la formation presque immédiate d'une croûte solide si mauvaise conductrice de la chaleur qu'on peut y marcher au bout de quelques heures pour fuir les habitations environnées par la coulée de lave.

Le liquide incandescent se trouve ainsi enfermé dans une espèce de gaîne dont les côtés, résistant à l'effort du torrent, l'empêchent de s'étendre en largeur tandis que la surface plus fragile, finit par se fendre et se briser en fragments irréguliers par suite du mouvement de la masse visqueuse qui n'a pas cessé de couler le long de la pente du terrain.

On conçoit qu'emportés par le courant, ces fragments ne tardent pas à s'entre-choquer, à se heurter, à se redresser comme les glaces entraînées par la mer ou le courant des fleuves.

La frange de vapeurs s'est allongée sur les flancs du Pariou, elle le voile maintenant à moitié. M. Deschamps soupçonne que sa femme pourrait bien perdre courage, surtout si la pluie se met de la partie; en conséquence, il ordonne à Jean de se tenir au pied de la montagne avec le break à un endroit que nous remarquons bien afin de le retrouver à la descente, soit que nous revenions simplement prendre les provisions, soit que nous rentrions en ville sans pousser jusqu'à Pontgibaud.

Nous nous hâtons à travers le camp et nous voici sur la route à l'endroit où la voiture doit nous attendre et d'où l'ascension est moins pénible. Point de chemin, ni de sentier, les monts d'Auvergne n'ont pas l'habitude de faire toilette pour le voyageur.

Nous montons depuis un quart d'heure à peine, lorsqu'une pluie battante s'abat sur nous. On s'enveloppe de ses caoutchoucs, on ouvre ses parapluies et l'on continue bravement jusqu'au bord du cratère.

Il nous paraît immense, ce cratère rempli d'un entassement de vapeurs opaques, nous n'osons trop nous en approcher, ne sachant quels précipices peuvent se cacher sous le brouillard.

Il s'agit maintenant de savoir par quel côté nous descendrons.

Mᵐᵉ Deschamps, qui riait si bien en montant, grelotte maintenant, Raoul, le pauvret, n'est plus pâle, il est vert, c'est pitié d'entraîner ces êtres délicats sous cette pluie glacée.

Mᵐᵉ Deschamps s'obstine à vouloir nous suivre ; elle sait combien son mari serait privé en renonçant à cette course, elle sait aussi qu'il ne laissera pas trois femmes s'en aller sous la seule escorte de Raoul et de Roger.

Le complaisant Savenay met un terme au différend ; il s'offre pour remplacer M. Deschamps et conduire les dames à leur voiture d'abord, à Clermont ensuite, insistant auprès du vieux monsieur pour le décider à imiter cette prudente retraite.

Nous demeurons un instant à les regarder descendre le long de la pente rendue glissante par la pluie, puis nous tournons du côté de Pontgibaud. Inutile de dire que le vieux monsieur n'a pas quitté son poste invariable, à la gauche du professeur dont il tient à ne pas perdre une parole.

De chaque côté de la route, s'élèvent des puys dont le plus remarquable est le puy de Côme reconnaissable à sa cime boisée, toute noire sous le brouillard blanchâtre qui a succédé à la pluie. De son cratère, a jailli une immense coulée de lave qui est, dit Poulett Scrope, la plus intéressante de toutes les Cheires au point de vue de son étendue et des modifications quelle a fait subir à la surface du sol.

Arrêtée à peu de distance de sa source, si l'on peut ainsi dire, par une éminence de granit qu'elle ne pouvait franchir, la lave s'est divisée en deux courants dont l'un, celui de gauche, a dévié vers le sud-ouest et ne s'est arrêté qu'à Massave.

Favorisé par l'inclinaison du terrain, le courant de droite, qui est le plus considérable, se répandit au nord sur une large surface libre, puis rejeté dans son lit par un banc de hauteurs constitué de tuf du Mont-Dore, recouvert d'un ancien plateau de basalte, il coula vers le nord-ouest jusqu'à Pontgibaud. Tout près de là, il semble avoir rencontré une coulée partie du puy de Louchadière, par dessus laquelle il aurait roulé. Ainsi réunies, les laves des deux volcans se seraient précipitées par dessus le bord oriental, dans le lit de la Sioule, au fond duquel elles auraient poursuivi leur marche sur une longueur d'environ seize cents mètres.

Les eaux de la Sioule, refoulées par ce torrent de lave, auraient d'abord formé un grand lac où sont les prairies alluviales de Pontgibaud, puis elles se seraient frayé un passage au pied de l'escarpement de granit qui s'élève sur la rive occidentale du lit actuel de la Sioule. La superficie totale de la cheire du puy de Côme ne peut être estimée à moins de 15 kilomètres carrés, son épaisseur, qui est par endroit, de trente mètres, ne peut être évaluée à moins de dix mètres.

Un peu au nord de Pontgibaud, on voit dans le basalte une grotte naturelle au fond de laquelle coule une petite source toujours glacée, même au fort de l'été. Cette congélation semble due à une violente évaporation produite par un courant d'air très sec venant de quelque galerie souterraine. Quant à la grotte elle même, d'après ce que nous avons vu précédemment, elle a dû se former par suite de l'écoulement subit de la partie visqueuse de la lave, à l'intérieur de sa gaîne solidifiée, tandis que la croûte supérieure persistait.

Château de Pontgibaud

Pontgibaud est une vieille ville mérovingienne ; son fondateur, Giwald ou Gibaud, était parent du roi Thierry.

Bien entendu, le beau château qui élève si fièrement son donjon au dessus de la ville, n'est pas celui du farouche germain Giwald, c'est une construction du xiv° siècle à laquelle de nombreuses annexes sont venues s'ajouter au gré des besoins ou de la fantaisie des propriétaires successifs.

Le vieux monsieur nous donne l'âge probable de chacune des tours et tourelles surajoutées ainsi que celui du portail gothique de l'église. Tout en le remerciant de ces renseignements, nous passons bien vite pour gagner Pranal où l'on exploite le plomb argentifère. Les filons de galène argentifère traversent des schistes extrêmement anciens ; outre le plomb sulfuré, ils renferment de la cérusite et de la barytine.

Munis de l'autorisation de M. Boutmy, directeur des fonderies, nous passons une heure à visiter l'usine, puis nous pénétrons dans les mines où nous avons soin de prendre des échantillons.

Les machines d'extraction et celles d'épuisement attirent tour à tour notre attention, ainsi que le système d'aérage d'autant plus énergique qu'il faut chasser une prodigieuse quantité d'acide carbonique qui s'accumule dans les galeries.

Un train, parti de Pontgibaud à cinq heures cinquante, nous descend à Volvic à six heures quarante. Nous nous rendons en hâte aux carrières où, depuis plusieurs siècles Clermont et les environs s'approvisionnent de téphrine, cette belle lave d'un gris bleuâtre qui donne aux contructions une teinte un peu triste amplement rachetée par leur aspect d'indestructibilité.

Cette énorme coulée lavique provient du puy de la Nugère ; elle est exploitée à ciel ouvert et par des procédés fort anciens.

Nous remontons en chemin de fer à huit heures et demie et nous débarquons à Clermont à neuf heures treize. Des hourras, des vivats accueillent notre arrivée, absolument comme celle de membres du club Alpin descendant du mont Blanc. Ils sont poussés à pleins poumons par Raoul et Roger envoyés à notre rencontre pour nous sommer — le mot n'est pas trop fort — d'aller prendre le thé chez Mme Deschamps et présenter notre rapport en recevant le sien.

Une trentaine de personnes invitées à prendre le thé !

Pourquoi pas ? Avez-vous oublié que l'illustre professeur, sous la direction duquel nous avons entrepris nos excursions, est un bon vieil oncle adoré pour qui on a rêvé une ovation lors de son passage dans sa ville natale ; que le déjeûner au faîte du Pariou a manqué à cause du mauvais temps, ainsi que les toasts, discours et compliments y annexés dont un en vers, composé sur la requête expresse de Mme d'Esteil, par le précepteur de son fils pour être débité par celui-ci. Quelque chose de plat et d'exhilarant qu'une admiration de commande, aidée d'un lyrisme, de commande aussi, peut seule produire.

Parmi les touristes de Clermont, ceux-là seuls qui faisaient parti du cercle intime de Mᵐᵉ Deschamps acceptèrent l'invitation, les autres s'excusèrent sur l'heure avancée, quelques-uns des parisiens firent de même. Pour nous qui connaissions déjà l'hospitalier salon, nous nous y rendîmes après un souper hâtif et un bouchonnage rapide, bichonnage voulais-je dire.

Lorsque nous arrivâmes, Savenay, qu'on n'avait pas voulu laisser rentrer à l'hôtel, écoutait complaisamment l'énumération des traits d'intelligence vraiment incroyables de Cara, Suzanne, assise au piano, chantait rêveusement la chanson russe : *Haï, luli!*

Mᵐᵉ Deschamps folâtrait avec Raoul dont le parisianisme lui apportait comme un écho des jours écoulés, du temps où son père, le célèbre médecin, ouvrait ses salons à l'élite de la société parisienne. Les quelques années austères passées ensuite chez le vieil oncle, les cinq ans de séjour à Clermont n'y avaient rien fait; mondaine elle était née, mondaine elle était, et voulait rester. C'était le seul défaut que lui reconnût son mari, mais un défaut très gros. Elle nous fit son accueil habituel, plein d'empressement et de grâce; Suzanne perdue dans ses songes, continuait son chant à demi-voix :

Haï, luli !
Peut-on vivre sans son ami.

— Voyons, Ninette, lui dit sa sœur avec une nuance d'impatience, laisse un peu ta chanson, viens m'aider à servir le thé.

A ce nom de Ninette, Savenay tourna brusquement la tête.

— Je croyais que vous vous appeliez Suzanne, dit-il à la jeune fille, lorsqu'il put se rapprocher d'elle sans attirer l'attention.

— Oui, et Ninette aussi.

— De sorte que Jacques connaissait deux Ninette, vous et...

— Non, une seule : Ninette Bernier-Pagès. C'est par notre mère que nous sommes parentes de M. Antoine Pagès.

— Je comprends, maintenant.

— Faites attention, on nous observe, et jamais on n'a laissé prononcer le nom de Jacques devant moi, depuis...

Sur un geste de sa sœur, elle courut prendre les gâteaux qu'un domestique venait d'apporter et les offrit à la ronde.

Depuis ! Depuis quand ou quoi ? encore ce mystère.

Un joli feu vif, autorisé par l'humidité de la journée, pétillait dans l'âtre, le thé mêlait son arome fin au parfum des fleurs, une lumière discrète éclairait le salon, accrochée au passage par les ors des meubles ou par les colorations tendres d'un pastel du siècle dernier, représentant une aïeule des maîtres du logis en bergère ou en déesse : tout sentait le *home* et le confort dans cet intérieur où les générations s'étaient succédé sans rien changer aux traditions d'ordre, d'union et de calme existence.

On causait de notre excursion, chacun de nous rappelant ce qui l'avait le plus frappé et montrant les échantillons qu'il avait recueillis, puis nous interrogeâmes à notre tour.

Mme Deschamps nous fit un récit fort gai de la descente du Pariou sous la pluie battante avec les glissades dans l'herbe mouillée, les chutes amorties par la boue, la course à travers un petit bois où les branches qu'on écartait pour passer, se vengeaient des indiscrets qui les avaient dérangées en égouttant sur eux toute l'eau dont elles étaient chargées, puis, au bout du petit bois, la route vide, une route inconnue sans la moindre apparence de voiture.

Savenay et Roger se détachent alors en éclaireurs, l'un à droite, l'autre à gauche, avec prière de ne point dépasser la portée

de la vue. Montés sur des éminences qui leur permettent de découvrir la campagne autour d'eux, ils l'explorent du regard en tous sens et viennent au rapport.

Roger n'a rien vu du tout que le brouillard et des touffes éparses d'ajoncs et de fougères ; Savenay n'en a pas vu beaucoup plus, mais il s'est rendu compte qu'on risque de s'égarer dans l'enchevêtrement des routes qui se coupent et se croisent en tous sens à la base du Pariou. Il conseille de traverser le camp dont on distingue, non loin de là, la dernière baraque et d'aller tout droit à la Fontaine du Berger où l'on trouvera sans doute quelqu'un pour entreprendre la recherche de la voiture.

A l'auberge, les domestiques sont trop occupés pour quitter leur ouvrage, restent les artilleurs ; — ils vont prendre leur service tout de suite ; l'inquiétude commence à poindre dans l'esprit des voyageurs ; enfin, il se présente un soldat qui a une demi-heure à lui et qui se fait fort de ramener Jean, le break et Cara avant l'expiration de ce court laps de temps.

Les dames sont ruisselantes, chacun des plis de leurs vêtements forme une rigole dont l'eau coule autour d'elles au moindre mouvement. Savenay demande pour elles une chambre et du feu.

Les chambres sont retenues pour les officiers qui vont arriver d'un moment à l'autre.

Savenay insiste : ces messieurs comprendront ; d'ailleurs, on leur rendra leur chambre à leur première réquisition.

— Ah ! bien, non ! réplique l'aubergiste, une auvergnate de la vieille roche qui s'appelle Mme Bessière, les officiers seront mouillés aussi, ils ont prévenu, je ne peux pas les faire attendre.

Savenay demande un déjeuner chaud.

Pas possible, il y a juste pour le déjeuner que les officiers ont fait commander.

Une marmite fume dans l'âtre avec une bonne odeur de lard et de légumes ; Savenay demande un peu de bouillon pour les trois femmes qui claquent des dents, debout dans un coin de la salle commune.

Le bouillon est pour les artilleurs, il n'y en a déjà pas tant, on a été forcé de dédoubler les soupes.

— Tenez, conclut Mme Bessière, vous ferez mieux de vous en aller tout de suite, quand vous aurez votre voiture.

— Et si nous ne l'avons pas ? interroge Savenay.

— Vous ferez bien de vous en aller tout de même.

— Vive l'artillerie ! crie Roger en agitant son chapeau avec un éclaboussement de gouttelettes.

L'artilleur assis à côté de Jean sur le siège du break, prend cela pour un salut à son adresse en même temps que pour un compliment de sa célérité, et l'on quitte aussitôt cet aubergiste, peut-être unique en France, qui refuse de gagner l'argent des voyageurs.

La pluie s'était apaisée pour faire place à un brouillard glacial, on n'en était pas plus à son aise sur la route où soufflait une petite bise aigre. Savenay commençait à s'inquiéter de la santé des membres de la petite caravane dont il avait pris la direction, il fit donc arrêter à La Baraque.

Par bonheur, il n'y avait pas d'artilleurs, les dames se mirent au lit, ainsi que les jeunes garçons, pendant qu'on séchait leurs vêtements devant un grand feu allumé tout exprès dans une buanderie et qu'on préparait un copieux déjeuner.

Il était encore de bonne heure lorsqu'on était remonté en voiture, et le temps étant un peu moins mauvais, on avait dit à Jean de rentrer par Fontanas.

On avait donc remonté la route vers le Puy-de-Dôme, jusqu'à la bifurcation, et là, prenant à gauche, on avait gagné la riante vallée rendue célèbre par ses sources qui ont eu le privilège d'alimenter Clermont depuis les temps antiques jusqu'au jour où une partie des sources de la grotte de Royat leur ont été adjointes.

Fontanas et le Puy-de-Dôme

On s'était promis de quitter la voiture pour tâcher de découvrir quelques tronçons de l'aqueduc romain dont parle le biographe de Saint-Austremoine, aqueduc qui fut détruit par ce farouche Thierry d'Austrasie dont le souvenir s'est perpétué partout, dans cette partie de l'Auvergne, avec celui de ses dévastations.

Fontanas, en langue romane, *le village aux fontaines* n'a de remarquable que sa position et l'abondance de ses eaux. Ses maisons basses, ses petites usines, s'éparpillent au bord de l'eau comme pour faire ressortir, par le contraste de leurs murs gris et de leurs toits rouges, la fraîche verdure des prairies qui tapissent la gorge boisée au fond de laquelle son ruisseau murmure gaîment sur un lit de lave.

Une petite pluie fine avait commencé à tomber comme on entrait dans la vallée; sous l'abri protecteur des parapluies, on n'avait à peu près rien vu au delà des vergers qui bordent la route. On avait été privé du pittoresque panorama de la verte vallée que le Gravenoire, dont la cîme brûlée s'élève au-dessus des châtaigners, semble menacer d'une soudaine colère.

On était descendu à Royat par le chemin d'en bas, on avait traversé le village, son faubourg de Saint-Mart, Chamalières dont les guinguettes vides prenaient, sous la pluie, un aspect lamentable et l'on était rentré à Clermont juste à point pour souper.

M. Deschamps demanda la parole pour compléter le récit de sa femme et relever une légère erreur historique, on la lui accorda volontiers. En conséquence, il nous apprit que Fontgiève, Fontmaure et la fontaine de Chamalières sont des écoulements de l'aqueduc romain, et que les promeneurs auraient été bien en peine de retrouver le moindre vestige dudit aqueduc, attendu que celui dont on voit un tronçon sur la route de Villars et un autre près de la voie romaine, fut construit au xiie siècle par les ordres de saint Césaire. Mme Deschamps répliqua que c'était une belle chose, de savoir l'histoire et l'on passa à la discussion de l'ordre du jour pour le lendemain. Instruits par l'expérience, nous prîmes la précaution d'en élaborer deux, un pour la pluie, l'autre pour le beau temps, en quoi nous fîmes sagement, car le lendemain se leva avec une mine des plus maussades.

La lumière terne d'un jour de pluie n'est pas tout à fait celle que rechercherait un artiste pour visiter des galeries de tableaux ; pour nous, géologues qui les parcourons, si je puis ainsi dire, pour l'acquit de notre conscience, peu nous importe que le coloris perde de sa richesse, que le gris du ciel rende les verts glauques, les bleus noirs, fasse passer les rouges à l'orangé, les jaunes au brun, les roses au lilas, nous regardons la peinture un peu comme les enfants regardent les images : pour le rendu du sujet.

Le musée de Clermont possède trois toiles curieuses pour les amateurs : *les malheurs de la guerre*, de Callot, un tableau que les hommes d'État feraient bien d'étudier avant de faire entrer une armée en campagne ; *la ronde des farfadets*, de Téniers, et l'esquisse de *l'enlèvement des Sabines,* de David.

Laissant les dames examiner les objets d'art, sous la conduite de Savenay, nous nous tournons vers les objets historiques et les antiquités. Voici le sabre de Hoche, saluons ; Hoche fut un homme intègre. Voici la machine à calculer de Pascal, saluons plus bas ; Pascal fut un héros de la science et non de la guerre.

Nous descendons bientôt dans les froides salles basses entourées de pierres tombales, de sarcophages, d'urnes funéraires, d'inscriptions, de fragments d'architecture, de statues plus ou moins intactes, souvenirs d'un autre âge.

Une momie égyptienne, passons ; la momie se vend depuis si longtemps comme curiosité qu'elle est devenue banale. Autel du dieu Sylvain trouvé dans les fouilles du Panthéon du Mont-Dore-les-Bains, c'est plus curieux. Antiquités gauloises et gallo-romaines. C'est l'histoire primitive de l'Auvergne que racontent ces poteries, ces monnaies, ces torquès, ces colliers de bronze. Haches et hachettes en silex ; elles racontent l'histoire primitive de l'humanité, l'histoire préhistorique, celle qui intéresse le plus le géologue.

Certes, tout le monde admire la force de réflexion qu'il fallut pour inventer la brouette. Qui s'est demandé jamais quelle somme d'observation et d'intelligence il fallut au premier

Hache de silex taillé

homme dont l'attention fut attirée par la forme tranchante que prenaient les silex éclatés sous l'action du feu, et qui tira de ce fait la conclusion qu'en le reproduisant, on aurait à volonté des armes, des outils, des instruments de toute sorte.

Depuis combien de temps l'homme était-il sur la terre, lorsqu'il tailla la première hache de pierre? Depuis longtemps, sans doute, puisqu'il savait faire du feu.

Le professeur secoua la tête : Cuvier affirmait, dit-il, que l'homme n'était apparu qu'aux temps historiques, la paléontologie vint lui donner le démenti le plus formel, à la suite des découvertes de M. Boucher de Perthes ; nous avons affirmé que contemporain du mammouth et du renne, l'homme n'existait pas encore à l'époque tertiaire et cette opinion est déjà difficile à soutenir, car, de toutes parts, les chercheurs nous crient : vous vous trompez, et nous apportent des preuves que nous nous sommes trop hâtés de formuler notre affirmation.

C'est le crâne humain que M. Garigou rencontre dans le miocène moyen à Lombrive ; le squelette humain découvert dans le tertiaire du Lot-et-Garonne par M. Lamé ; les os taillés que présentent M. Desnoyers, M. Laussédat et M. Nouel, directeur du musée d'Orléans ; les débris humains qu'on a extraits en Italie, des argiles du tertiaire supérieur ou moyen, enfin les squelettes humains trouvés au Puy dans des déjections volcaniques que nous savons avoir été lancées pendant la période tertiaire. Devant ces restes, quelques savants sont demeurés indécis ; ils ne disent pas l'homme mais bien l'être tertiaire.

Il y a en effet des différences marquées entre cet être et l'homme moderne. S'il se rapproche, par certains caractères, du Danois de l'âge de pierre et de l'Australien actuel, il est par d'autres, assez voisin des grands singes.

L'apparition de l'homme, l'unité ou la pluralité des créations, questions graves ! qui oserait les résoudre en l'état actuel de la science ? nous ne pouvons que former des hypothèses.

Nous écoutions respectueusement les réflexions que faisait ainsi le professeur, comme s'il se fût parlé à lui-même. Nous nous disions que nous étions souvent bien présomptueux, nous ignorants, lorsque nous refusions d'admettre aucun doute sur les choses que ce savant discutait encore dans la crainte d'entraver la marche de la science par une affirmation prématurée.

— Oui, oui, oui ! marmottait le vieux monsieur, question grave, très grave ! et il se bourrait le nez avec énergie. Quand naquit l'homme ? Le sixième jour, c'est-à-dire à la sixième époque géologique : alors que la croûte terrestre était suffisamment refroidie, l'atmosphère épurée, le sol couvert de plantes, les eaux, la terre et l'air peuplés d'animaux de toute sorte, c'est tout clair ! Il fallait que l'existence fût possible pour lui sur notre globe, que le milieu fut habitable, comme on dit aujourd'hui, pour qu'il parût, c'est tout clair !

Mais la date de ce jour et sa durée ? Voilà ce qu'il n'est pas facile de déterminer ! pas facile du tout ! En tout cas, il fut antérieur au diluvium puisque les Ecritures parlent d'un déluge dans lequel la race humaine périt et que ce déluge est sans contredit le diluvium des savants !

Voyons un peu quel terrain avons-nous avant le diluvium ?

Il se mit à faire la liste des diverses couches, en comptant sur ses doigts pour mieux fixer sa pensée.

— Eh bien ! mais, le diluvium se superpose au tertiaire. Alors, sur quoi discute-t-on ? sur des dates, sur de simples dates !

Il aspira une longue prise de satisfaction et reprit ses oui, oui,

oui ! habituels, avec le mouvement de tête dont il les accompagnait. Le professeur songeait toujours aux temps écoulés et répétait : qui sait ?

Nous traversons la place du Taureau pour entrer au musée Lecoq qui renferme un herbier, une collection d'oiseaux et de papillons, et le musée géologique et minéralogique complet de l'Auvergne. Une petite difficulté s'élève à la porte ; le gardien refuse d'admettre Cara sous prétexte que les chiens n'entrent pas.

Les chiens, sans doute, mais Cara ! une bête si bien élevée, si intelligente. Mme d'Esteil ne peut pourtant pas laisser Cara dehors ; d'ailleurs elle l'a emmenée au musée de la ville et personne ne lui a rien dit.

C'est peut-être parce que nous n'avons pas vu l'ombre d'un gardien, mais Mme d'Esteil néglige cette circonstance.

Roger pourrait peut-être promener Cara dans le jardin public pendant ce temps-là. Non, il pleut, et puis, il n'est pas mauvais que Roger visite le musée.

Nous entrons sans plus attendre, laissant Mme d'Esteil à ses perplexités auxquelles la femme du gardien met un terme en offrant de se charger du havanais bien-aimé. Nous entendons vaguement les recommandations de Mme d'Esteil qui nous rejoint bientôt.

Raoul s'est fait le cicérone de son cousin qui l'écoute de son air nonchalant.

— Tiens, tu vois, là, cette pierre grise et grenue, c'est du granit gris, l'autre qui est aussi compacte, mais qui a comme des lames au lieu de grains, c'est du gneiss, à côté ce sont des micaschistes et des talcschistes, ils sont faciles à reconnaître parce qu'ils sont feuilletés. Tout cela c'est ce qu'on appelle des roches ignées fondamentales. Voici plus loin le groupe des roches ignées intercalées ou éruptives : des granits porphyriques, des porphyres, de la syénite, de l'amphibole, ce qui a l'air d'un amas de fil soyeux, c'est de l'amiante. Voici des trachytes, des phonolithes, des basaltes qui sont des roches éruptives plus modernes, contemporaines des terrains pliocène et quaternaire.

— Comment avez-vous fait, cher monsieur, s'écria Mᵐᵉ d'Esteil, pour rendre mon neveu si savant ; en vérité, je suis tout à fait surprise.

— J'avoue, dit le professeur, que je suis surpris moi-même. Depuis quand Raoul sait-il tout cela ?

Il avait posé la main sur l'épaule du jeune garçon qu'il regardait avec un sourire bonhomme.

— Depuis hier, répondit Raoul.

Mᵐᵉ d'Esteil leva les bras au ciel.

— Depuis hier ! Il travaille en voyage, le cher mignon ! Tu devrais bien prendre exemple sur lui, Roger, toi qui n'as pas seulement ouvert un livre depuis quinze jours que nous sommes à Royat. Vois ce qu'on peut faire, quand on a le désir de s'instruire ; il est charmant, ce petit Raoul !

Par égard pour l'extrême distinction du jeune vicomte, je ne dirai pas de quel air narquois il écoutait sa tante et j'éviterai de rapporter les gestes plus que familiers dont il ponctuait ce discours laudatif.

Dès qu'il put placer une parole, il dit qu'il avait acheté la veille une petite collection à l'hôtel, qu'il s'était amusé à la regarder et qu'il reconnaissait les roches dont il possédait un échantillon.

— C'est déjà quelque chose, fit le vieux monsieur arrêtant sa prise à mi-chemin, c'est déjà quelque chose de reconnaître un minéral à sa couleur et à sa texture. Oui, oui, oui ! Tout le monde n'en peut pas faire autant. Quant à savoir la composition chimique de mémoire, ça c'est le diable.

Raoul entraîne sa tante, de plus en plus émerveillée, vers une autre vitrine et lui montre des minerais de plomb, de plomb argentifère, de fer, de zinc, d'arsenic, de manganèse.

La paléontologie est également bien représentée dans les galeries du musée Lecoq, ce qui permet au professeur de compléter, pièces en main, ce qu'il a dit en wagon, pour répondre aux questions de Savenay. Il nous fait donc passer en revue la faune éteinte des temps passés, depuis les *trilobites* des premières mers, les *ammonites* et les *belemnites* de la mer jurassique, jusqu'à l'*elephas meridionalis* dont nous voyons là une défense trouvée dans les alluvions modernes de Malbassu, près d'Issoire.

Trilobite

Le temps s'est rasséréné, le ciel est encore pâle, mais il n'est plus gris, et de grands espaces d'azur franc nous promettent une après-midi favorable à la promenade. Nous profitons de l'heure qui nous reste pour visiter le jardin avant d'aller déjeûner.

Ce jardin est si habilement dessiné qu'il paraît s'étendre jusqu'au pied de la montagne, il s'arrête beaucoup plus près, mais malgré ses dimensions assez restreintes, il est si bien disposé qu'il offre à la fois une promenade publique égayée d'apects vivants et variés ainsi qu'une école botanique, une école d'arboriculture, une école de plantes potagères et une de plantes d'agrément, dont l'intelligente classification facilite l'étude. Nous

nous dispersons suivant nos goûts ou nos aptitudes. Les arbres fruitiers intéressent particulièrement le vieux monsieur, l'élève le plus assidu des cours d'arboriculture du Luxembourg et propriétaire de vergers aux environs de Lyon. Il nous expose les avantages de la taille longue sur la taille courte, l'emploi du cran pour faire fructifier les rejets de l'année dans les espaliers et une foule de choses très pratiques pour les amateurs de jardin.

Les dames ont tourné du côté des serres et des parterres d'agrément, Suzanne et Savenay étudient attentivement les plantes rustiques afin de se mettre à même de déterminer les espèces qu'ils rencontreront au cours de nos excursions. C'est sans doute l'ardeur qu'elle apporte à cette étude qui met une flamme aux joues de la jeune fille, à moins que ce ne soit l'impatience avec laquelle elle attend la réponse d'André aux questions qu'elle lui fait sur ce mystérieux Jacques dont le nom ne doit pas être prononcé devant elle.

— Il y a longtemps qu'il n'a donné de ses nouvelles, la dernière fois qu'il a écrit, il se portait bien, il était à Saïgon.

— Qui cela, demande Mᵐᵉ Deschamps?

— Un de mes amis, répond vivement André. Il ajoute de l'air embarrassé d'un homme peu accoutumé à mentir : Un savant, j'entretenais mademoiselle d'une curieuse découverte.

— Oui? Vous me conterez cela à moi aussi, en me reconduisant, n'est-ce pas ?

Elle lui a pris le bras et le regarde en dessous, avec un sourire à la fois moqueur et soupçonneux. Suzanne ne s'est aperçue de rien, tant elle est plongée dans l'examen d'un aconit sous le feuillage découpé duquel disparaît son visage.

Ammonite Jason

Comment se faisait-il que Mme Deschamps fût auprès d'eux, alors qu'ils la croyaient en train d'admirer les orchidées, des plantes dont elle raffole? Il y avait beau temps qu'elle avait fini de parcourir les serres et comme il se faisait tard, elle était venue prévenir Suzanne.

Nous reconduisons la famille en corps, au petit hôtel du cours des Sablons pour examiner la curieuse fontaine de Jacques d'Amboise que nous avons seulement entrevue le soir et visiter en passant le collège construit au temps de Louis XIV.

Le collège est une vaste construction solennelle, austère, triste comme un jour de retenue, — l'expression est de Raoul, — malgré son beau préau et son escalier monumental.

Fontaine de Jacques d'Amboise

Chaîne des Puys (Monts Dômes)

CHAPITRE IV

Nous pourrions nous faire conduire à Montferrand pour la somme modique de dix centimes, nous préférons faire à pied cette promenade de deux kilomètres. De la place Saint-Hérem où nous devions nous rendre de nos demeures respectives, nous descendons à Notre-Dame-du-Port, le monument le plus intéressant de Clermont, au point de vue archéologique. Fondée par saint Avit au vi° siècle, ruinée par les Normands, reconstruite au ix° siècle par saint Sigon et ravagée encore par les envahisseurs, elle fut définitivement relevée vers la moitié du xi° siècle.

C'est du moins ce qu'indiquent l'élancement des colonnes du chœur, le plan de l'abside, les arcs surhaussés au-dessus des chapiteaux. On voit que le plein cintre est déjà sur le point de se briser en ogive, néanmoins Notre-Dame-du-Port appartient au style roman auvergnat, sévère d'aspect, chargé d'ornements et dans lequel les imbrications colorées remplacent souvent les sculptures.

Une belle avenue ombreuse nous conduit à l'ancienne forteresse des comtes d'Auvergne.

Montferrand n'est plus la ville de laquelle Foissart écrivait : « C'est ville de grands thrésors, riche de soi et bien marchande, où il y avait de riches vilains à foison. »

Ce n'est plus la fière cité avec ses remparts, son arsenal qui renfermait cinquante canons sans compter les armes et approvisionnements de toute espèce ; Montferrand a été absorbée, annihilée par Clermont comme il arrive pour toutes les villes bâties sur une hauteur et qui ne peuvent s'étendre. Elle a beau protester contre son annexion, elle a beau réclamer son autonomie, sa puissance s'est écroulée avec ses remparts, sa richesse est partie avec les marchands, sa prospérité avec les riches vilains.

Notre-Dame du Port

C'est à peine si quelques maisons détériorées par le temps et plus encore, peut-être, par l'incurie des habitants, rappellent sa splendeur d'autrefois. Et pourtant, la prospérité de Montferrand ne fut point passagère, elle se prolongea pendant plusieurs siècles, ses maisons mêmes l'attestent.

La maison de l'éléphant, avec sa naïve enseigne peinte à fresque est du XIII° siècle, celle de l'apothicaire est du XV°, celle d'Adam et Eve, ainsi désignée à cause d'un bas-relief dont elle est ornée, est du XVI°, de même que la maison du n° 36 de la rue de la Rodade.

Dans cette dernière, nous remarquons l'escalier en vis, élégant et hardi, un saint Christophe, malheureusement amputé d'une jambe, sculpté sur le pilier de l'escalier au rez-de-chaussée, et sur l'appui extérieur de la galerie à jour du premier étage, un bas-relief d'un joli style représentant l'Annonciation. Au n° 13 de la grande-rue, nous découvrons, au fond d'une cour obscure, un petit palais du XVII° siècle orné de deux tourelles et de deux portiques superposés. Nous en gravissons la jolie vis de pierre ; à tous les paliers, des portes entr'ouvertes laissent voir des logis assez mal tenus, encombrés d'une marmaille turbulente.

Où sont les belles dames qui balayaient les marches de pierre du velours de leur robe, les galants cavaliers qui les suivaient respectueusement, les serviteurs qui s'inclinaient sur leur passage ? Ce n'est pas à cette troupe d'enfants qui nous lorgnent curieusement qu'il faut le demander.

L'un d'eux, un gamin à mine effrontée, raconte cependant à M™° d'Esteil, qu'il y avait là, jadis, une prison de femmes. On a retrouvé leurs cadavres dans le puits; l'une d'elles avait été pendue avec son chien sous son bras.

— Vous devez vous tromper, riposte M™° Deschamps, c'était la prison des petits garçons menteurs qui se moquaient du monde.

Nous allons ensuite à l'église. Placée sous l'invocation de

Notre-Dame-de-Prospérité, elle fut jadis un sanctuaire vénéré ; Louis XII s'était mis sous la protection de la « Benoîte Dame de Prospérité ainsi que la Reine, sa chère dame et compagne, voulant qu'icelle église et ses chanoines se pussent dire, porter et nommer pour église royale et de fondation royale ».

Malgré la dévotion que les populations auvergnates conservent aux mille et une vierges noires dont les statues ont été trouvées un peu partout, dans des circonstances singulières, Notre-Dame-de-Prospérité n'attire plus que de rares fidèles. Elle se compose d'une nef unique sans bas-côtés, dont la majeure partie fut construite au xiv° siècle.

Nous ne voulons pas quitter Montferrand sans nous conformer à l'avis donné aux voyageurs, par M. de Toulgouët, dans ses *Promenades en Auvergne*. En conséquence, nous reprenons la rue de la Rodade pour gagner la place, ornée d'une fontaine, qui la termine, cette place où Sénone n'allait jamais.

Je ne sais qui était ce Sénone qui avait le mauvais goût de préférer les Apennins aux monts Dômes, l'Italie à l'Auvergne, en tout cas, il avait tort de ne point regarder quelquefois le panorama qu'on découvre du haut de cette place.

A droite, Tournoël et Châteaugay se dressent sur des sommets verdoyants ; en face, c'est Clermont, dominé par le Pariou reconnaissable à la troncature de sa cime, et par le puy de Dôme ; à gauche s'étend le plateau de Gergovie et, plus près, Montrognon, sur son cône de basalte.

En gens pratiques, nous ne nous perdons pas en contemplations stériles ; la verdure des vignobles, l'éclat du ciel, la tiédeur de l'air ne nous donnent pas seulement l'idée de planter des points d'admiration au bout de toutes nos phrases, mais celle d'en jouir et c'est en chœur que se pose cette question : si nous allions à Gergovie ?

Allons à Gergovie, telle est la réponse, non moins unanime

Nous dégringolons, au pas de course, jusqu'à Clermont où nous nous empressons de louer des voitures.

A Gergovie, cocher !

Gergovia, répondent les automédons, car la restitution historique est à la mode ici comme ailleurs.

La route serpente agréablement au milieu des vergers et des vignobles ; à gauche, sur un monticule de lave produit par le Gravenoire, nous voyons Beaumont, très original d'aspect avec ses maisons à escaliers extérieurs, perchées au-dessus de vastes celliers, puis Montrognon, le mont rugueux, dont le château, détruit par ordre de Louis XIII ou plutôt du cardinal ministre, a conservé deux tours qui devaient avoir fière mine au temps de la puissance féodale.

Maison de l'Éléphant

A Romagnat, nous quittons les voitures qui prennent par la gorge d'Opmes et le plateau de Rissolles pour aller nous attendre à Merdogne, tandis que nous grimpons la pente sud du plateau. C'est la plus accessible, mais elle n'en est pas moins fort raide.

Le plateau de Gergovie n'est pas une masse homogène, il s'est constitué, à diverses époques géologiques, par la superposition de nappes de basalte, de couches de conglomérats basaltiques et d'assises de calcaire d'eau douce. Le basalte du sommet n'est pas le même que celui des pentes ; à mi-côte, c'est un basalte brunâtre semé de grains de zéolithe ; en haut, c'est un basalte noir et compact.

Le calcaire renferme des coquilles d'eau douce, des débris de poissons, de batraciens et d'oiseaux. Bien nous prend de compter des habitants du pays parmi nous, car c'est seulement sur des points très restreints qu'on peut faire de ces trouvailles intéressantes. Nous parvenons à recueillir quelques coquillages, mais rien de rare.

Le plateau est couvert de cultures, coupé de six chemins d'exploitation, tous ouverts dans le sens de sa largeur, et dont quelques-uns sont bordés d'amas de basalte, de fragments de poteries qui indiquent l'emplacement des rues de la puissante cité Arverne. Les vignerons se redressent entre les ceps, pour nous regarder passer ; un jeune homme s'approche pour nous servir de cicérone, il nous montre des médailles qu'il a trouvées en remuant son champ et une hache en fibrolithe, bien plus ancienne, a-t-il soin de nous dire.

Il a dû, en effet, s'écouler un certain nombre de siècles entre l'époque où cette hache de pierre fut taillée et celle où les monnaies furent frappées à l'effigie des empereurs romains.

Raoul et Roger se portent acquéreurs de ces reliques du passé avec un empressement qui nous étonne de la part de géologues aussi platoniques. On verra par la suite quelle était leur intention.

Au bord de ce plateau long de quinze cents mètres et large de six cents, s'élève une sorte de talus dans lequel les antiquaires avaient deviné les fortifications gauloises, bien avant que les fouilles de 1871 eussent fait connaître les murailles de grand appareil qu'il recouvre.

Les murs des villes ne suffisent pas pour les rendre imprenables ni indestructibles ; assez forte pour résister à César quand ses vaillants citoyens lui faisaient un rempart de leur dévoûment, Gergovie cessa de faire parler d'elle, après que Vercingétorix eut payé de sa vie sa résistance héroïque et la défaite essuyée par César sous ses murs. Au moyen âge, elle n'existait plus ; en 1149, le duc Guillaume la qualifie de vieille masure dans la charte par laquelle il en fait don à une abbaye de Clermont.

En descendant vers Merdogne, la Gergovie actuelle, nous fouillons le conglomérat qui, de ce côté, renferme des rognons d'opale remarquables par leur cassure conchoïde et par leur coloration agréable, mais qui ne peuvent être employés par les joailliers.

Je n'étonnerai sans doute pas mes lecteurs en disant que les opales excitèrent un grand intérêt chez Mme Deschamps et Mme d'Estoil. Cette dernière n'avait pas assez de comment et de pourquoi pour interroger le professeur.

— Et dites-moi, cher monsieur, qu'est-ce que l'opale ? Ah ! vraiment ! Retiens cela Roger. Et sait-on, cher maître, comment l'opale a pris naissance ? Oui, n'est-ce pas ; on est si savant aujourd'hui ! L'indifférence de Roger pour la science est une des douleurs de ma vie. Vraiment, vous croyez qu'on ne peut employer ces opales ? C'est bien dommage !

Le bon M. Pagès répondait avec une complaisance polie : l'opale, disait-il, est de la silice hydratée, sa présence doit être rapportée au mouvement des eaux dans les roches non encore refroidies ; celles d'Auvergne ne sont pas assez pures, elles ne prennent pas un assez beau poli pour être d'un effet agréable en joyaux.

Sa patience était-elle lassée, ne vit-il point la place que lui offrait Mme d'Esteil à côté d'elle, je ne saurais le dire ; toujours est-il qu'il monta dans une autre voiture.

S'il avait cru fuir les questions, il s'était trompé, il n'avait fait que tomber de Charybde en Scylla, je veux dire de Mme d'Esteil sur le vieux monsieur. Toutefois, cette nouvelle conversation offrant un plus grand intérêt, je prendrai la liberté de la résumer, mais en lui ôtant la forme dialoguée, afin d'en rendre le sens plus précis. Il s'agissait, comme bien on pense, du plateau de Gergovie et des plateaux analogues.

Ces nappes de basalte formant chapiteau, sont très communes dans le Cantal et dans l'Ardèche, ce sont des lambeaux de lave mis à nu par la désagrégation du sol à la manière des *Dikes*. Quant à ceux-ci, le mécanisme de leur production est facile à expliquer. On sait que les éruptions volcaniques ouvrent dans la croûte terrestre, des crevasses dont on reconnaît aisément la présence, soit qu'elles restent béantes, soit que les cendres ou rapillis dont elles sont couvertes, se soient effondrés, soit enfin que des affaissements en forme de cratère se succèdent le long de leur parcours. C'est à travers des crevasses de ce genre, que les filons dont il s'agit se font jour. Comme leur résistance aux agents atmosphériques est plus grande que celle du terrain qui les renferme, ils demeurent en saillie quand celui-ci a disparu. On les voit alors s'élever comme une muraille énorme dans un escarpement ou même au milieu d'un champ. On les appelle dikes d'un mot anglais qui signifie digue ou chaussée.

On comprendra sans peine que nous fussions peu satisfaits de notre visite au Pariou et que nous eussions résolu d'y retourner en allant au Puy-de-Dôme, ce qui fait un détour de peu d'importance.

Nous attendîmes que le temps fût complètement remis et un beau matin, nous nous embarquâmes de bonne heure, pour faire en sorte de dépasser le champ de manœuvres de l'école de tir avant l'heure où les routes sont interdites.

A la Baraque, on fit une courte halte, pour dire bonjour à l'aimable hôtesse, prendre une légère collation et admirer à loisir le géant des monts d'Auvergne entièrement dépouillé de ses voiles de nuages.

Le Puy de Dôme, vu de la Baraque

Au pied du Pariou, nous fîmes ranger les voitures auprès de deux éminences rocheuses qui devaient nous servir de points de repère à la descente, et nous commençâmes à monter le plus directement possible sur une grande traînée de cendres dépourvue de végétation.

Nous avions choisi cette voie, pour deux raisons, l'une que rien n'y gênait la vue, l'autre, que nous redoutions moins d'y mettre le pied sur une vipère.

Peu à peu, nos rangs devinrent moins compacts et notre groupe se dispersa. Une herniaire à fleurs verdâtres poussait seule de rares touffes gazonnantes sur les rapillis, ce n'était pas suffisant pour des amateurs de botanique comme André et Suzanne. Attirés d'abord par le doux parfum et les jolies fleurs lilas d'un œillet superbe aux pétales finement laciniés, ils le furent ensuite par une gentiane jaune, puis par une pédiculaire rose, ils finirent par marcher dans les herbages afin de cueillir la grande astrance, l'œillet des poètes et celui des chartreux, des euphraises, des bugles, des pensées de divers genres, de la genestrolle, des linaires, en compagnie de Mᵐᵉ Deschamps qui avait sans doute pris un goût subit pour l'étude des fleurs, en parcourant le jardin Lecoq avec les deux jeunes gens.

Nous ne pouvions nous lasser d'admirer le courage de Mᵐᵉ d'Esteil toujours en train de reprendre Cara ou de la remettre par terre, ce qui était loin de hâter sa marche déjà pénible, le long de cette pente raide où personne n'a jamais songé à tracer un sentier. Elle arriva enfin devant le vaste entonnoir du Pariou.

Le professeur nous avait déjà indiqué les dimensions de ce cratère (310 mètres de diamètre et 93 mètres de profondeur) et nous avait montré : au nord, le puy des Gouttes légèrement déprimé, le puy Chopine dont le sommet paraît écorché ; à l'ouest, le puy de Côme, et au sud, à côté du grand dôme, le nid de la Poule qu'on appelle aussi le petit puy de Dôme.

Il nous faisait remarquer le relief montagneux qui entoure le Pariou comme un second cratère plus vaste dont le bord se serait affaissé à l'ouest sous l'impulsion de la coulée de lave qui a produit la cheire sur laquelle est bâti le hameau de la Baraque.

— Que c'est beau ! s'écria Mᵐᵉ d'Esteil en posant Cara sur l'herbe pour s'abandonner plus librement à son enthousiasme.

Que se passa-t-il alors ? Nul ne le sut, mais on entendit, en même temps, un cri de détresse et un éclat de rire, puis on vit un petit paquet blanc qui roulait au fond du cratère et Raoul qui courait après sans trop se presser.

Une chute au fond de l'entonnoir de verdure formé par le cratère du Pariou, n'a rien de grave, encore qu'elle soit de quatre-vingt-treize mètres ; la pente est assez douce, l'herbe est drue, la mousse épaisse, mais Mᵐᵉ d'Esteil était trop émue pour réfléchir à tout cela, pendant qu'elle suivait d'un œil épouvanté les culbutes successives de l'infortunée Cara.

Roger courait derrière Raoul. Légère comme un oiseau, Mme Deschamps sautillait sur le petit chemin de chèvres qui va jusqu'en bas ; elle voulait emporter comme souvenir une pierre prise tout au fond du cratère. Savenay descendit à son tour pour cueillir un orchis chlorantheum qui avait tenté Suzanne, d'autres les suivirent et nous fûmes bientôt presque tous réunis sur la pelouse qui forme le fond du cratère. Cara n'avait rien de cassé ; bien qu'elle poussât des gémissements lamentables, elle n'avait souffert d'autre dommage que la perte de son nœud rose ; Mme d'Esteil ne tarda pas à se calmer, les rieurs aussi, ceux qui étaient descendus remontèrent et le professeur reprit la parole.

— On ne peut douter, dit-il, que le volcan éteint sur lequel nous sommes, ait eu deux éruptions successives. Dans la première, l'énorme coulée de lave qui va jusqu'à Chamalières, fut vomie par le cratère primordial que nous avons reconnu tout à l'heure.

Dans la seconde, le volcan ne lança pas de laves, mais seulement des scories poreuses, des cendres dont l'accumulation a formé le cône creusé en coupe régulière que nous venons de gravir. Si nous pouvions avoir le moindre doute à cet égard, nous pourrions nous reporter à des phénomènes modernes, ceux dont le Vésuve a été le théâtre.

Lorsque Strabon écrivait, le Vésuve était, suivant la description du naturaliste romain, une montagne verdoyante terminée par un plateau stérile, d'un aspect brûlé, montrant des cavités remplies de crevasses et de pierres calcinées. Strabon ne dit pas un mot du cône qui, pour nous, est aujourd'hui le Vésuve, ce cône n'existait donc pas de son temps, il a dû se former dans la terrible éruption de 79 qui ensevelit Herculanum, Pompéï et Stabia, non sous les laves, mais sous une énorme quantité de cendre et de scories poreuses bien différentes des roches qui composent l'es-

Ile Barren

carpement semi-circulaire appelé la Somma. La Somma faisait certainement partie d'un cirque complet dont une portion a été détruite et entraînée vers la mer dans le bouleversement qui accompagna l'éruption de 79. Cette forme caractéristique se retrouve dans certaines îles d'origine volcanique telles que Santorin dans l'Archipel et Barren dans le golfe de Bengale.

Nous commençâmes à descendre, non par où nous étions montés, mais en suivant une direction qui devait nous permettre d'arriver juste à l'endroit où nos voitures stationnaient. Nous

nous étions trompés dans notre estimation, puisqu'en arrivant en bas, nous ne vîmes ni les voitures ni les cochers. Ces deux derniers furent bientôt retrouvés, mais les voitures avaient disparu. Nous nous regardâmes consternés.

Il nous sembla pourtant que quelque chose remuait sous un bouquet d'arbres un peu plus loin ; à l'aide des lorgnettes nous distinguâmes, en effet, des chevaux et des voitures.

Nous n'avions pas fait cent pas que nous nous entendîmes héler par Jean. Nous étions en retard, encore quelques minutes, et nos cochers éperdus d'inquiétude et d'impatience, eussent été contraints de partir sans nous.

Un officier arriva, au galop, comme pour confirmer les paroles de Jean.

— Allez-vous détaler, à la fin, cria-t-il, en ajoutant à sa phrase un point d'exclamation d'une énergie toute militaire.

Les plus lestes d'entre nous étaient déjà en voiture, les autres se suivaient à des distances plus ou moins rapprochées, se hâtant de leur mieux. Le vieux monsieur avait pris un drôle de petit trot qui faisait sautiller sa bedaine de la manière la plus bouffonne ; Mme d'Esteil soufflait, pouffait, passait Cara d'un bras à l'autre, et nous adressait des gestes désespérés.

L'officier se radoucit en voyant des femmes et un vieillard ; il les salua poliment et leur dit de ne point tant se presser. Les cochers rattraperaient les quelques minutes perdues et, du reste, il allait faire retarder un peu le tir.

Les coureurs ne ralentirent pas pour cela leur allure, les cochers avaient les guides en main, les derniers traînards ne furent pas plutôt assis que nous partîmes à fond de train.

De temps en temps, nous croisions des officiers qui nous criaient de nous dépêcher ; nous voyions, au loin, les sentinelles à cheval postées, deux par deux, sur les routes qui traversent le champ de

manœuvre, nous étions encore dans les limites du tir, nous nous attendions à tout moment, à entendre le premier coup de canon et à voir un boulet passer au-dessus de nos têtes. Cet éclaboussement de rayons là-bas, ce sont les batteries dont le bronze luit au soleil ; les officiers deviennent plus nombreux, plus pressants, nos chevaux, de vaillants petits chevaux du pays, filent rapides comme le vent d'orage ; les batteries sont déjà derrière nous de quelques foulées.

— On tire ! crie Raoul qui a vu, en se retournant un léger nuage de fumée blanche sortir d'un des canons.

Nous entendons, en effet, l'explosion un moment après.

— Ce n'est rien, dit Jean, c'est le coup à poudre pour le signal, mais faut filer tout de même, nous sommes en contravention !

Enfin ! nous venons de dépasser les sentinelles, nous nous regardons mutuellement d'un air de soulagement et nous nous apercevons seulement alors que nous ne sommes pas au complet.

Le vieux monsieur nous affirma que les absents avaient pris, avec le professeur, la crête de la montagne, pour voir en passant le puy de Clierzou et le nid de la Poule.

Comment se faisait-il que M. Savenay, toujours si empressé auprès des dames, ne fût pas avec nous ? Personne ne s'informa de lui ; je crus toutefois remarquer que Suzanne était plus silencieuse encore qu'à l'ordinaire et sa sœur plus sémillante.

Nous sûmes plus tard que M. Deschamps avait emmené le sculpteur pour lui faire voir les alvéoles creusées aux flancs du Clierzou par l'extraction des sarcophages monolithes qu'y taillaient les anciens, et lui donner l'occasion d'examiner le travail de plusieurs de ces tombeaux restés inachevés, ce dont André protesta qu'il lui savait un gré infini.

Le premier coup de tir salua notre entrée dans le joli bois clair qui ombrage le pied du Puy-de-Dôme, nous étions sauvés ; les cochers permirent à leurs petits chevaux de respirer.

En réalité, le seul danger que nous avions couru, était celui de retourner sur nos pas, nous n'en avions pas moins ressenti une émotion assez vive pour trouver plus de charme dans le calme des profondeurs vertes qui s'étendaient de chaque côté de la route.

Je ne sais ce qu'éprouvaient mes compagnons, pour moi je ne me serais pas lassé de cette route ombreuse, je trouvais qu'on était arrivé trop vite au col de Ceyssat où les voitures s'arrêtèrent devant l'auberge construite sur une petite plate-forme rocheuse.

L'heure du dîner — en Auvergne, on dîne à midi — était passée depuis longtemps, nous préférâmes la retarder encore pour faire un repas champêtre dans les ruines du temple de Mercure Dumiate.

On chargea un âne de provisions, quelques personnes montèrent dans ces petites charrettes à deux places qui vont jusqu'au faîte et qui, sur la route en pente, ont l'air d'être suspendues au cheval qui les traîne ; le gros de la compagnie s'achemina paisiblement à travers un massif de sapins sous lesquels s'étendait un tapis de gazon, velouté d'innombrables fleurs de viola tricolor autrement dit de pensées sauvages, à grandes corolles violet sombre, varié de lilas et de jaune pâle.

Une vieille femme était censée faire paître ses ânes dans cette herbe fraîche ; en réalité, elle guettait les voyageurs au passage, pour les décourager de faire la route à pied.

— Il y a seize lacets, disait-elle, vos dames pourront pas monter, c'est trop raide, vaut mieux qu'elles prennent des ânes, ça sera pas cher.

— Merci, ma brave femme.

— Je diminuerai bien encore quelque chose.

— Non, non, nous préférons marcher.

La femme aux ânes disparut sous les arbres pour prendre une traverse et reparaître au premier tournant où elle recommença ses offres de service accompagnées d'une nouvelle proposition de rabais. Quand elle vit que personne de nous ne se laissait tenter, elle finit par se décider à nous laisser tranquilles.

Les seize lacets qui serpentent au milieu de masses rocheuses dont quelques-unes, comme les Gargouilles et les deux Corbeaux, affectent des formes singulières, ont, il est vrai, une pente assez raide, mais de grands bancs de gazon ont été ménagés à tous les endroits où le point de vue mérite qu'on s'arrête, de sorte qu'on arrive en haut sans fatigue.

Nous errons dans les ruines du temple en attendant l'arrivée du professeur et de ceux qui l'accompagnent.

Ce temple, élevé à frais commun par les Arvernes et soixante cités celtiques, était l'un des plus grands sanctuaires gallo-romains. La statue de bronze du Mercure Arverne, œuvre du sculpteur Zénodore, était, d'après Pline l'Ancien, la plus colossale qui fût alors au monde.

Grégoire de Tours parle encore de ce temple, puis il n'en est plus question que dans les récits populaires où il est désigné comme le lieu de réunion de tous les sorciers de France. La chapelle de Saint-Barnabé, bâtie tout à côté, n'était pas mieux traitée, seulement, comme elle était beaucoup plus petite, on ne la disait fréquentée que par les sorciers des environs.

Evidemment, ces superstitions populaires devaient avoir un fondement ; si folles qu'elles paraissent, les imaginations des poètes et des conteurs ne sont que des faits revêtus d'ornements qui les défigurent plus ou moins. Ces sorciers qui tenaient leurs conciliabules impies dans le vieux temple déjà croulant, n'étaient-ils pas plutôt les derniers adeptes du culte de Mercure Dumiate, comme les prétendues fées des forêts armoricaines étaient les dernières druidesses, cachées au fond des bois.

Nous vaguons ensuite dans le bâtiment d'habitation de l'observatoire. Au rez-de-chaussée, un grand couloir sombre avec des collections géologiques et des collections minéralogiques d'un côté, une série de portes closes de l'autre. L'eau suinte de partout, il faut vraiment être pris d'une grande passion de science pour habiter là. Au premier étage, même répétition, moins les collections cependant. Un enfant pleure derrière une des portes fermées qui s'ouvre bientôt pour donner passage à une vieille femme portant une toute petite fille dans ses bras. Elle passe sans s'inquiéter de ce que nous faisons dans le couloir. Nous descendons à sa suite et nous montons à l'observatoire, bâtiment de forme circulaire construit à l'extrême sommet du puy.

Nous examinons les appareils enregistreurs, les instruments d'observation directe, nous regardons par les fenêtres dont chacune fait face à l'un des points cardinaux, nous ressortons, toujours sans rencontrer personne.

Le vieux monsieur, très peu au fait, à ce qu'il semble, des conditions climatologiques des observatoires de sommets, inhabitables pendant la majeure partie de l'année, est toujours en quête de quelqu'un qui puisse l'introduire auprès de M. A., qu'il a eu l'honneur de rencontrer dans un Congrès scientifique. Ce que le vieux monsieur aime le mieux après la science, ce sont les savants. Il finit par mettre la main sur le gardien, de la bouche duquel il apprend que M. A. n'a jamais habité là et que son grand âge l'empêche maintenant de monter.

A notre sortie de l'observatoire, nous nous trouvons en face du professeur et de ses compagnons; ces messieurs sont vraiment fort aimables, ils se sont chargés, à notre intention, d'échantillons de la curieuse variété de trachyte qui constitue le Clierzou.

Ils nous les distribuent en nous faisant remarquer l'odeur qui s'en dégage, odeur due à l'acide chlorhydrique dont leurs pores sont si fortement imprégnés que le papier dans lequel on les enveloppe ne tarde pas à être consumé.

Cela nous explique pourquoi les entrepreneurs de pompes funèbres de l'antiquité, s'approvisionnaient au Clierzou de cercueils de pierres. Ils y trouvaient de véritables sarcophages, mangeurs de cadavres.

Le professeur nous nomme les plus remarquables des montagnes arrondies ou coniques qui mamelonnent la surface du plateau. Au Nord, ce sont celles que nous avons vues du sommet du Pariou et qu'il est inutile de rappeler ; au sud-est, on voit le puy de Gravenoire, la vallée de Royat, celle de Fontanas et la coulée de la Serre tout entière ; au sud, les cônes volcaniques se succèdent sur un espace de dix à douze kilomètres, jusqu'au lac d'Aydat qui sépare les monts Dômes des monts Dore dont la crête déchiquetée est dominée par les monts du Cantal estompés par la distance.

Quoique éteints depuis des milliers d'années, les volcans d'Auvergne ont gardé une forme si nette qu'ils semblent encore sur le point de lancer des jets de flamme et de lave.

Mme d'Esteil ne pouvait comprendre pourquoi on donnait le nom de volcan aux montagnes arrondies en forme de dôme et dépourvues de cratère. Elle avait bien lu quelque part quelque chose là-dessus, mais elle avait si mauvaise mémoire ! Elle savait qu'elle abusait de la complaisance du cher maître en le questionnant ainsi, mais à qui la faute ? à lui, à lui seul qui encourageait l'indiscrétion par sa bonté. Il était certainement trop aimable pour se refuser à l'éclairer.

M. Pagès s'exécuta, moins à ce qu'il me parut, par politesse pour l'interrogeante personne, que parce qu'il avait résolu d'avance de nous parler des phénomènes volcaniques.

Il peignit l'effort des matières incandescentes et des gaz dégagés par la fusion, pour rompre l'obstacle que leur oppose la croûte terrestre.

Dans cette lutte, le sol est agité de trépidations plus ou moins fortes, il se crevasse, se fend sur certains points, il serait entièrement disloqué si les forces souterraines ne parvenaient à ouvrir ces espèces d'évents que nous appelons des volcans. Le volcan ne surgit pas tout à coup ; d'abord, le sol est soulevé et forme une ou plusieurs boursouflures, comme on le vit au Mexique lors de l'apparition du Jorullo en 1759, puis il s'ouvre et donne passage à des matières qui peuvent être de nature diverse. Lorsque ces matières sont pâteuses, elles s'épanchent lentement et forment des éminences arrondies faciles à distinguer des boursouflures

Roche Tuilière et roche Sanadoire (près du Mont Dore).

par leur forme, leur étendue et surtout par la matière dont elles sont composées, car les premières éminences peuvent être d'une nature quelconque et les secondes sont toujours constituées par une roche d'origine ignée, en général, un trachyte.

Lorsque les matières souterraines sont au contraire devenues complètement liquides, par la fusion, il se forme une sorte de cheminée conique par laquelle elles jaillissent. Cette éminence a reçu le nom de cône de soulèvement et l'ouverture en forme d'entonnoir de la cheminée, celui de cratère de soulèvement.

Tantôt cette cheminée reste permanente, tantôt elle s'éteint après un laps de temps plus ou moins long. Il peut alors arriver que le volcan entre, plus tard, dans une nouvelle période d'activité et qu'il se produise dans l'ancien cratère un second cône comme cela est arrivé au Vésuve en l'an 79. Ce second cône n'est pas composé comme le premier de roches compactes, mais de matières légères et poreuses, celles qui constituaient le fonds de l'ancien cratère.

Parfois, il se forme aussi, dans le cratère de soulèvement en éruption, un cône terminal, au moyen de matières scoriacées soulevées par le bain de lave dont la cheminée est remplie. Ces matières se trouvent poussées sur les bords de l'ouverture ou lancées dans les airs d'où elles retombent au bord du cône d'éruption, s'accumulant en un cône présentant des pentes assez rapides. Ces scories se ressoudent vers l'intérieur de la cheminée qu'elles rétrécissent par des encorbellements successifs masquant le diamètre véritable. Dans le cratère du Vésuve actuel, il s'est formé un cône de scories de ce genre qui varie à chaque éruption.

Il est rare de pouvoir observer ces différentes phases sur un même volcan.

Ici, au milieu des soixante cônes qui nous entourent et qui s'étendent sur une longueur de huit lieues, nous sommes placés d'une manière si favorable, que nous voyons des volcans sans cratère comme le Clierzou, le grand Sarcouy et le Puy-de-Dôme, des volcans à cratère comme le puy de la Poule, le puy Nugère, le puy Coquille, le puy de Gravenoire, le puy de la Vache, le puy de Lassolas, ainsi que d'autres, offrant comme le Pariou et le puy de Côme un double cratère.

Un puy curieux, est le puy Chopine que l'on voit au nord; c'est un dôme composé de roches granitoïdes enfermées entre une couche de basalte et de trachyte et qui a surgi au milieu d'un cratère de soulèvement.

D'après l'hypothèse chimique, l'eau serait nécessaire à la formation des volcans. En pénétrant à l'intérieur du globe, à travers les crevasses et les fissures dont il est fendillé, elle allumerait de vastes incendies par l'oxydation des métaux alcalins. Cette théorie rendrait compte de l'éruption qui suivi la disparition du grand lac de la Limagne, éruption dans laquelle ont surgi les volcans les plus récents du plateau d'Auvergne. Cette opinion pourrait être confirmée par ce fait que les volcans actuels sont tous dans le voisinage de la mer.

— Que vous êtes savant, mon oncle, s'écria Mme Deschamps, comment se fait-il que vous ayez une nièce aussi sotte que moi.

Le vieil oncle lui caressa la joue par un geste tendrement paternel et répondit que chacun était savant à sa manière.

— Oui ? Eh bien ! j'ai fait apporter quelques produits de ma science, venez m'en dire votre avis.

Elle lui prit le bras, comme dans un salon, pour le conduire vers l'endroit où le dîner nous attendait.

Tout le monde demeura d'accord de la supériorité de Mme Deschamps dans l'ordonnance d'un repas et de l'utilité de la science culinaire. Le petit âne n'avait pas monté que des victuailles, il avait, en outre, apporté un mystérieux panier d'où Jean tira plusieurs bouteilles encapuchonnées d'argent.

Le moment solennel, celui des toasts et des discours était arrivé : d'abord, on but au compatriote illustre que sa ville natale avait le bonheur de revoir dans ses murs ; puis au prochain retour du savant professeur, que Clermont s'honorait d'avoir vu naître ; puis à la science, cette grande civilisatrice, puis à la géologie qui nous avait réunis autour du maître, un grand homme doublé d'un homme aimable ; puis aux grands hommes d'Auvergne avec un geste discret du côté d'Antoine Pagès.

Le vieux monsieur demanda la parole pour remercier les dames dont la présence avait répandu sur nos travaux un charme au moins égal à celui de la science.

On applaudit, on cria en cœur : aux dames ! et le professeur se leva, croyant que tout était fini.

Fini ? Ah ! bien, oui ! Un monsieur très rouge réclama le silence et fit un long discours fleuri, très diffus, très enchevêtré en prenant des temps pour laisser aux auditeurs le loisir d'applaudir. Il parlait, disait-il, au nom des concitoyens du professeur qui étaient sur le point de se séparer de lui, après avoir suivi les intéressantes excursions du Puy-de-Dôme.

On ne se reconnaissait pas très bien au milieu des parenthèses, que l'orateur ouvrait à tout moment dans ses périodes élégantes, mais en le voyant tirer de sa poche une petite boîte qu'il présenta tout ouverte au professeur, on comprit qu'il lui offrait un souvenir.

C'était une médaille portant d'un côté la date de nos excursions et de l'autre cette inscription : A Antoine Pagès, ses concitoyens.

L'enthousiasme débordait, le professeur fut obligé de donner je ne sais combien de poignées de main et de se laisser embrasser par les dames. Comme deux sur trois, étaient ses nièces, cela n'avait rien de choquant.

Lorsque le calme fut rétabli, Raoul et Roger s'approchèrent de M. Pagès et le prièrent gentiment de vouloir bien admettre dans sa collection, les monnaies et la hache de pierre qu'ils avaient achetées à Gergovie. Ils espéraient, disaient-ils, que ces reliques du passé ne lui rappelleraient rien de trop désagréable en le faisant penser à eux.

Le professeur parut plus réellement touché de ce simple présent, offert simplement par les jeunes d'Esteil, que de tous les toasts et discours emphatiques qu'il avait dû essuyer ce jour-là.

Mme Deschamps n'y tenait plus, elle embrassa de nouveau son oncle, elle embrassa Mme d'Esteil, Raoul, Roger, puis l'oncle encore, avec un sourire mouillé d'une larme, et s'écria :

— Mon cher oncle ! comme tout le monde vous aime et vous admire, si vous saviez comme je suis fière de vous appartenir.

— Pendant ce temps, Jean avait rangé discrètement les reliefs du dîner ; il vint prévenir son maître qu'il était grandement l'heure de descendre si l'on voulait aller souper à Randanne.

Une demi-heure après, nous étions au col de Ceyssat et nous prenions congé de la plupart de nos compagnons clermontois.

— Monsieur le professeur, dit Jean, je vais vous faire passer avec votre monde, par un chemin qui est bien ce qu'il y a de plus intéressant dans tout le pays ; vous allez voir.

Le chemin en question était une traverse ouverte dans l'immense nappe de pouzzolanes sortie du puy de la Vache et du puy de Lassolas. Cà et là, des excavations béantes dans le talus, semblaient des soupiraux d'où la flamme venait à peine de jaillir; au loin, sur la droite, les pentes du puy de la Vache couvertes de pouzzolanes rouges, prenaient des teintes sanglantes sous les rayons obliques du soleil qui s'inclinait déjà ; dans l'ombre, un peu en arrière, le puy de Lassolas apparaissait tout noir; une impression étrange nous étreignait au milieu de cette sinistre campagne. Jean exultait, il se retournait à tout moment sur son siège pour interpeller le professeur et lui indiquer du bout de son fouet certains points qu'on aurait pu prendre pour le foyer d'une forge cyclopéenne encore mal éteinte, répétant à chaque fois les mêmes paroles :

— Qu'on vienne me dire que tout ça n'a pas été en feu autrefois, je ne sais pas quand c'était, mais chaque fois que je passe ici, je jurerais que c'était hier.

Après ces champs brûlés, la verdure du parc de Montlosier, puis une calme rivière bordée de prairies et, de l'autre côté du pont, les quelques maisons de Randanne.

Nous n'avons pas perdu de vue le puy de la Vache ni le puy de Lassolas, les deux jumeaux, seulement leur aspect a changé, nous distinguons l'égueulement — c'est le terme usité dans le pays — par lequel les laves débordantes se sont précipitées dans la vallée où elles ont barré le cours de la Veyre dont les eaux se sont étalées en un lac qui est le lac d'Aydat que nous avons vu miroiter au loin, du haut du Puy-de-Dôme.

Nous nous rendons le lendemain de Randanne au mont Dore; vingt-cinq kilomètres à travers un pays presque désert.

Nous ne rencontrons qu'un vacher à cheval, poussant devant

lui cinq ou six bêtes maigres. A Espinasse, nous nous retournons pour contempler une dernière fois les monts Dômes. De ce point, l'aspect est singulier ; les montagnes éparses, isolées, ont l'air de grosses verrues poussées au hasard sur le plateau. Raoul prétend que cela ressemble aux pâtés de sable que les enfants font aux Tuileries, en plus grand, bien entendu.

Un peu plus loin, la route longe le bois de pins, de mélèzes et de bouleaux qui couvre le puy de Servières : à notre gauche s'élèvent les montagnes, à notre droite, s'étend une vallée profonde dans laquelle de rares villages forment des groupes pittoresques de maisons basses, couvertes de toits gris; plus près, nous voyons quelques burons ; leurs toits gris, comme ceux du village, sont couverts de dalles de pierres grossièrement taillées qui attirent notre attention, ces pierres sont des lames de phonolithe. Cette roche doit son nom à sa sonorité sous le marteau.

Enfin, apparaissent au fond de la vallée, en contre-bas de la route, trois roches d'un aspect bizarre. Ce sont la roche Sanadoire que surmontait une forteresse enlevée aux Anglais par Louis III de Bourbon, la roche Tuilière et la roche Malviale. Nous nous arrêtons pour admirer la roche Tuilière dont les hautes colonnes hexagonales s'élancent d'un seul jet, pareilles aux tuyaux d'un orgue immense, réunis en pointe à leur sommet.

C'est cette roche qui fournit les matériaux des toitures de tous les environs.

Un quart d'heure après, nous déjeûnions sous une tente, au bord du lac de Guéry, dans un site alpestre dont deux grandes chèvres s'obstinaient à nous faire les honneurs, malgré la réserve de notre accueil. Un chien auquel Raoul avait, suivant sa coutume, adressé des signes d'intelligence, finit par les mettre en déroute mais pour substituer ses politesses aux leurs.

Le lac de Guéry peut-il être considéré comme un lac de cratère ? a-t-il comme le lac d'Aydat, été formé par un barrage ? la question n'est pas encore résolue.

D'après certains auteurs, la partie profonde appartient à un cratère; d'après d'autres, une espèce de vasque aurait été creusée par le relèvement du sol autour de ses bords.

Nous disons adieu à Jean qui retourne à Clermont avec la voiture et nous nous disposons à descendre à pied à Mont-Dore.

Au delà du lac, la route décrit de nombreux lacets à travers des bois de hêtres et de sapins dominés par le puy Gros. Nous la quittons bientôt pour prendre, à gauche, un chemin qui nous conduit d'abord à la cascade du Rossignolet puis à celle de Quereilh, une des plus belles de la contrée et à celle du Saut-du-Loup située au fond d'une gorge de basalte. Nous rejoignons la route un peu après le promontoire de Quereilh, on voit déjà dans une petite vallée profondément encaissée entre les montagnes, le bourg de Mont-Dore-les-Bains avec ses maisons grises pressées autour de l'établissement thermal.

Tout à l'entrée du bourg, nous rencontrons une troupe de marmots qui regardent curieusement quelque chose sur le chemin. Les petits sacs, les paniers qu'ils portent à la main, disent qu'ils reviennent d'une longue promenade scolaire dans la campagne ; ce qu'ils examinent, c'est une vipère dont l'instituteur vient de fracasser la tête.

Après avoir appris que les pentes rocheuses et peu boisées de la montagne de l'Angle, que longe la route en cet endroit et auxquelles s'adosse un peu plus loin le village de Mont-Dore-les-Bains, sont la seule localité où la vipère soit commune, nous descendons jusqu'à la place sur laquelle s'élève l'établissement, pour nous rendre à l'hôtel du Parc où nous avons l'intention d'élire domicile.

Cascade du Rossignolet

CHAPITRE V

Il y a deux Mont-Dore-les-Bains : celui de la journée, sombre sous le ruissellement de lumière qui tombe du ciel, étouffant de la chaleur qui se concentre au fond de l'entonnoir de montagnes où il est resserré, vide, poudreux, triste, et le Mont-Dore de la matinée dont les constructions grises pailletées de points brillants par les rayons du matin, s'harmonisent avec la verdure blanchâtre des hautes pentes, couvertes de brumes et de rosée, avec le murmure discret de la Dordogne, étroite encore comme un ruisseau. Le froid, un petit froid vif et piquant aiguisé par une brise de montagne, fait qu'on se hâte par les rues encombrées de chaises à porteurs, et de baigneurs chaussés de sabots, vêtus et encapuchonnés de molleton blanc. Dans cette foule affairée que presse l'heure, car les salles d'inhalations sont impitoyablement closes à heure fixe, vont et viennent des laitiers, des chevriers suivis de leurs bêtes qu'ils rallient au son aigre d'un chalumeau de roseau, des pâtissiers avec leur banne sur la tête, des âniers qui guettent des clients pour l'après-midi, des lavandières traînant leur charrette à bras ou poussant leur brouette chargée de linge qu'elles rapportent du lavoir au bord de la rivière, et même quelques curieux.

Ces derniers sont en petit nombre, car, ainsi que je l'ai déjà dit, on vient au Mont-Dore exclusivement pour se soigner.

Qu'y ferait-on sans cela ? Il y a bien un parc, longue promenade plantée d'arbres au milieu de laquelle s'élève un kiosque pour la musique, il y a les sculptures recueillies sur l'emplacement du Panthéon de l'antique station romaine, et au bout du parc, un casino avec salons de jeu, salle de bal et de théâtre. On y joue les pièces en vogue en les adaptant à l'exiguité de la scène et à celle de la troupe ; on supprime des rôles, on passe des scènes, ce que l'acteur ne dit pas, les spectateurs le devinent, le rideau tombe exactement à l'heure et les malades s'empressent de s'aller mettre au lit pour se lever le lendemain à quatre heures du matin.

Les promenades sont assez nombreuses, ce sont : le salon du Capucin et de Mirabeau, la Grande Scierie, la roche Vendeix, les cascades que nous avons vues en arrivant, plus deux ou trois autres : la Grande Cascade, la cascade du Serpent au fond de la vallée du Mont-Dore, celle du Plat à barbe et celle de la Vernière que l'on peut visiter en prenant un chemin boisé qui mène à la Bourboule et qui n'est guère plus long que la route de Laqueuille. En fait d'excursions on a le puy de Sancy, le lac de Guéry, le lac Chambon, Murol, Besse, Vassivière et le lac Pavin.

À l'exception de celle du Sancy, ces excursions ne peuvent être faites qu'en voiture et encore faut-il suspendre le traitement pendant un jour pour chacune, ce qui fait un jour de plus à rester. Les baigneurs y regardent ; ils ont tous la plus grande hâte d'achever leur cure et de rentrer chez eux, c'est du moins ce qui ressort des conversations qu'on entend lorsqu'on se promène sur le parc ou sur la route qui longe la Dordogne.

Était-ce l'activité qui régnait sur la place, autour des thermes, était-ce l'élégance des jolis sabots de noyer exposés aux montres des magasins, ou l'ardeur des porteurs de chaise qui couraient à charge et volaient à vide, était-ce la nostalgie de l'eau minérale ou tout cela à la fois ? Je ne sais. Toujours est-il que Mme d'Esteil fut prise d'un désir soudain de continuer au Mont-Dore la cure qu'elle avait commencée à Royat. En conséquence, elle consulta, non un médecin, elle n'en avait pas sous la main, mais le bon M. Pagès.

— Et dites-moi, cher maître, vous qui savez tout, car vous savez tout, ne vous en défendez pas ; il ne faut pas être modeste, c'est un poète, un auteur, je ne sais plus lequel qui l'a dit et c'est très bien dit, les eaux qu'on prend ici, ne me feraient-elles pas autant de bien que celles de Royat ? Je n'ai pas pu résister au plaisir de suivre vos intéressantes promenades et surtout à celui d'être avec vous, quoi que vous n'ayez pas l'air de vous en douter, et avec cette jolie Suzanne, mais je sens bien qui j'ai eu tort d'interrompre mon traitement. Voyons, sérieusement, cher maître, qu'en pensez-vous ?

M. Pagès ne pensait pas que l'emploi des eaux minérales fût tout à fait indifférent, ni qu'il eût qualité pour décider ce qui convenait à l'affection dont croyait souffrir Mme d'Esteil. En tout cas, il pouvait lui dire que les eaux de Royat, étant moins chaudes et ne renfermant pas d'arsenic, ne devaient pas avoir tout à fait les mêmes propriétés curatives que celles du Mont-Dore.

— Vous croyez ? Et dites moi, cher maître, comment se fait-il que les eaux thermales offrent des températures si diverses et des degrés de minéralisation si différents ?

— Parce qu'elles arrivent de profondeurs plus ou moins grandes et qu'elles traversent des couches de terrain plus ou moins riches en matières solubles.

Puis, se tournant vers nous il poursuivit :

Laplace a donné une curieuse explication de la formation des eaux thermales. « Si l'on conçoit, dit-il, que les eaux pluviales, en pénétrant dans l'intérieur d'un plateau élevé, rencontrent dans leur mouvement, une cavité de trois mille mètres de profondeur, elles la remplissent d'abord, puis elles acquièrent, à cette profondeur, une chaleur d'au moins 100° et devenues, par là, plus légères, elles s'élèveront et seront remplacées par des eaux supérieures, en sorte qu'il s'établira deux courants d'eau, l'un montant, l'autre descendant, perpétuellement entretenus par la chaleur de la terre. Ces eaux, en sortant de la partie inférieure du plateau, auront évidemment une chaleur bien supérieure à celle de l'air au point de leur sortie. »

En ce qui touche la minéralisation, tout le monde sait que l'eau chaude dissout des substances que ne saurait dissoudre l'eau froide, mais il faut encore ajouter la présence de l'acide carbonique, une forte pression, les influences électriques, peut-être même, la moindre cohésion des matières minérales à de grandes profondeurs et sous des températures élevées.

— Oui, oui, oui! interrompit le vieux monsieur, tout cela est fort juste, mais je vous demanderai la permission de vous poser une toute petite question, n'y a-t-il pas des sources thermales simplement chaudes, et des sources minérales froides ?

— Sans doute, aussi vous demanderai-je, à mon tour, une permission, celle de poser la question comme elle doit l'être.

Le vieux monsieur prit une prise d'acquiescement en remuant la tête et en marmottant ses éternels : oui, oui, oui !

— Je dirai donc, continua M. Pagès, comment se fait-il que toutes les sources chaudes ne contiennent pas de substances minérales et comment se fait-il que des eaux froides soient chargées de substances exclusivement solubles dans les conditions de température, de pression, etc., que nous avons considérées comme indispensables lorsque nous avons parlé des eaux thermo-minérales.

— Oui, oui, oui ! c'est bien cela, vous formulez très nettement ma pensée. Ah ! l'habitude du raisonnement scientifique ! il n'y a rien de tel pour mettre de l'ordre dans les idées. Et la question ainsi posée, vous répondez, cher maître ?

— Que les premières n'ont probablement pas traversé des roches qu'elles pussent dissoudre, et que les autres, après avoir acquis une haute température, ont été refroidies par leur mélange avec les infiltrations froides qu'elles ont rencontrées.

— Oui, oui, oui ! Parfaitement ! C'est très clair, très clair !

Ces derniers mots s'adressaient à Mme d'Esteil ; très clair ! fit celle-ci en écho.

Elle plongea élégamment deux doigts fort effilés, dans la tabatière que lui tendait le vieux monsieur, elle répéta encore une fois : très clair entre deux éternûments, et elle accepta le bras du vieux monsieur pour rentrer.

Comme nous tournions la rue, un monsieur entre deux âges,

très sec et non moins élégant, aborda le professeur le chapeau à la main et l'échine courbée dans un salut obséquieux.

— C'est sans doute à l'illustre Antoine Pagès que j'ai l'honneur de parler, dit-il.

— Oh ! fit le professeur avec son sourire bonhomme, ôtez illustre et vous serez dans le vrai ; je me nomme en effet Antoine Pagès. Puis-je vous être bon à quelque chose, monsieur ?

— Monsieur, reprit l'autre, gardant son chapeau à la main

et redressant sa longue taille, c'est toujours une joie pour moi de saluer une des illustrations de mon pays, une des gloires du siècle.

Un pli imperceptible se creusa entre les sourcils de M. Pagès, une flamme fugitive colora ses joues. Pour ceux qui le connaissaient, c'était là deux indices d'un violent mécontentement intérieur. Le regard qu'il lança à l'inconnu en disait long, celui-ci ne le vit pas ou ne le voulut pas comprendre, il continua :

— J'ai eu le bonheur d'entendre, tout à l'heure, les lumineuses explications que vous avez bien voulu fournir à ces messieurs, touchant le mécanisme des sources thermales. J'ai été frappé de la clarté, de la précision, de la netteté de vos expressions et non moins surpris, oserai-je le dire, de vous voir préconiser les hypothèses de Laplace.

Il s'effaça sur le seuil, pour laisser entrer M. Pagès qu'il suivit sans interrompre son discours.

— Laplace ! Un homme très fort, pour son temps, je ne le nie pas ; mais il a été réfuté par plus d'un savant, et victorieusement, j'ose le dire. Vous tenez encore pour la chaleur centrale? Chez un homme de progrès comme vous, c'est singulier, j'ose le dire.

— Merci, je n'en prends pas.

Ces derniers mots s'adressaient au garçon, car le long monsieur habitait le même hôtel que nous, et avait transposé sa serviette pour s'asseoir entre M. Pagès et Mme Deschamps dont il ne remarquait pas les regards furibonds.

— Le globe incandescent à l'origine ! reprit-il, refroidi par le rayonnement, et refroidi seulement à la surface ! Je vous en prie, ne me dites pas que vous admettez encore cela.

— Je crois que j'admettrai encore de la truite, dit M. Pagès au garçon.

Un rire discret courut dans nos rangs, le monsieur le prit pour une approbation muette, aussi s'élança-t-il avec une ardeur nouvelle à l'assaut des théories de Laplace.

— Poisson a prouvé mathématiquement, je dis ma-thé-ma-ti-que-ment ! — il scanda une à une les syllabes de ce mot, — que les substances refroidies de la surface, devenues de ce fait plus lourdes que les substances en fusion, seraient tombées directement au centre du globe, en vertu des lois de la pesanteur, de sorte qu'il y aurait eu un noyau solide enveloppé d'une couche incandescente de moins en moins épaisse. Vous me direz : mais le thermomètre ? Le thermomètre ! Voilà où je vous attendais. Que dit-il, le thermomètre ? Que la température augmente de 1° centigrade par trente mètres de profondeur ? Cela, c'est un fait, je ne le nie pas, mais cela ne prouve pas que de l'autre côté de la zone actuellement en ignition, la température ne diminue pas dans la même proportion, ou dans une autre, donc, le thermomètre n'affirme ni ne confirme, j'ose le dire, l'hypothèse du feu central. Maintenant, suivez-moi bien.

— Mon oncle, interrompit Mme Deschamps, vous savez que nous avons une longue course à faire ce soir.

— Ah ! dit l'inconnu, vous faites une excursion ? Moi je vais à la Bourboule.

— Alors, dépêchez-vous, répondit sèchement la jeune femme, la voiture de Laqueuille part dans un quart d'heure.

— Merci, merci beaucoup, mais je ne sais si je prendrai la voiture. Ce serait sans doute indiscret de vous demander de quel côté vous comptez diriger vos pas.

— Oui ! dit Raoul en le regardant froidement en plein visage, ce qui fit partir Roger d'un rire inextinguible.

L'autre ne prit pas garde à eux, il regardait avec étonnement autour de lui, presque tout le monde avait quitté la table et même la salle à manger.

— Tiens ! fit-il, je ne vois plus M. Pagès, et il sortit rapidement.

Le professeur était déjà au milieu du parc, entre ses deux nièces aussi choquées l'une que l'autre de l'outrecuidance de ce monsieur, qui ne s'était pas fait présenter, et ne s'était même pas présenté lui-même en déclinant son nom. Mme Deschamps gourmandait le cher oncle de sa facilité à s'entretenir avec le premier venu.

— Mais, ma charmante, ce n'est pas le premier venu, je t'assure, il a des connaissances étendues.....

— Oui, et il est fort poli, il discute vos opinions avec mesure n'est-ce pas !

— Ta, ta, ta ! Tu ne lui en voudrais sans doute pas tant s'il avait continué à me donner des coups d'encensoir par le nez.

— Je vous cherchais ! s'écria celui dont on parlait, je ne vous avais pas vu sortir, c'est étonnant, tout à fait étonnant.

Il prit le professeur par un des boutons de sa redingote, sans doute pour lui ôter toute velléité de s'esquiver et reprit sa discussion au point où la fin du déjeuner l'avait interrompue.

— D'après l'hypothèse de Laplace, notre globe terraqué ne serait autre chose qu'un soleil encroûté, n'est-ce pas ? C'est ce que je nie. La terre est un corps solide, aussi bien au centre qu'à la surface, une sorte de pile voltaïque dont la force proportionnelle au nombre des couches superposées, produit les courants magnétiques, les aurores boréales, mais n'est pas suffisante pour déterminer l'irradiation lumineuse de toute la surface comme dans le soleil, que je définis un immense centre de vibrations de l'éther, vibrations manifestées au dehors, par des phénomènes caloriques et lumineux comme dans les piles électriques. Vous me suivez bien, n'est-ce pas ?

Jamais Mme Deschamps, son mari, Savenay, Raoul, le vieux monsieur ni Mme d'Esteil n'eurent tant de choses à faire voir à M. Pagès, à lui raconter ou à lui demander.

Peines perdues ! l'intrus suivait et parlait toujours.

Il traversa avec nous la Dordogne, nous accompagna sur le chemin rocailleux qui monte au salon du Capucin, dans la clairière ainsi dénommée parce qu'elle s'ouvre au pied d'un pic dont le flanc porte un énorme débris balsatique à demi détaché dont la silhouette figure vaguement un moine agenouillé. Il trébucha sur le cailloutis de Rigollet haut, sans le voir, s'embourba, sans s'en douter, dans le chemin défoncé qui passe devant les scieries établies sur le cours de la Vernière, pérora en regardant la cascade du Plat à barbe glisser le long de son rocher, discuta devant la large nappe formée par la chute de sept mètres de la Vernière, battit Laplace à plates coutures dans l'enceinte choisie par Mirabeau-Tonneau, le frère de l'orateur, pour donner des

Cascade du Plat à barbe

fêtes champêtres à ses amis, et entra avec nous à la Bourboule sans avoir déparlé.

Il dit en substance que la terre est un corps solide formé graduellement par la condensation d'éléments métalliques qui s'attiraient mutuellement et se sont disposés en couches concentriques d'après leur pesanteur respective, de telle sorte que les plus lourds occupent le centre et que les plus légers sont à la surface.

La condensation autour du centre de gravité, aurait fait vibrer l'éther intérieur qui environne chaque atome de matière pondérable, et ces vibrations auraient engendré des courants électriques de plus en plus intenses, à mesure que la compression était plus forte par suite de la profondeur et de la densité des matériaux.

L'électricité, s'accumulant à la surface, se serait transformée en chaleur et en lumière, des étincelles auraient jailli, elles auraient provoqué la combinaison de l'oxygène et de l'hydrogène de l'atmosphère, et donné naissance à l'eau. Celle-ci, en se déposant sur la surface terrestre uniquement formée de métaux, aurait été immédiatement décomposée, son oxygène se serait allié aux métaux pour les transformer en oxydes et son hydrogène resté libre, se serait enflammé. L'incandescence de la première couche terrestre aurait donc eu pour origine cette première oxydation et les combinaisons chimiques produites par l'acide azotique né de la combinaison de l'oxygène et de l'azote contenus dans l'air.

Cette première couche n'aurait pas été complètement fondue, car elle ne présente pas trace de scories ; elle aurait été simplement réduite en une masse pâteuse et granitoïde qui se serait refroidie par un double rayonnement vers les espaces célestes et vers le centre du globe, masse qui se fendilla, se gerça, se crevassa par le retrait des matières, au refroidissement.

L'eau et l'oxygène de l'air, pénétrant par ces fissures, allumèrent un second incendie au-dessous de la couche refroidie. La nouvelle couche oxydée se dilatant par l'action de la chaleur, produisit des soulèvements dans la partie non crevassée de la croûte solide, des épanchements à travers les crevasses, et des fissures nouvelles. L'oxydation se propagea de la sorte, de proche en proche, jusqu'aux matières volcaniques actuelles.

Il entama alors la théorie des volcans, disant que l'eau est le seul agent de l'oxydation dont ils sont le produit, donnant pour preuve la situation des volcans modernes dans des îles ou dans le voisinage des côtes, il expliqua les bruits souterrains qui accompagnent les éruptions par des décompositions et des recompositions d'électricité, rapporta le bombement volcanique du plateau central et le soulèvement des Cévennes à l'époque de l'oxydation de la deuxième couche et revint à l'hypothèse de la chaleur centrale, répétant qu'il ne pouvait nier l'augmentation de température avec la profondeur, mais que cette augmentation ne dérangeait nullement sa théorie, car il était facile de concevoir que la chaleur allât en augmentant jusqu'à la zone d'oxydation actuelle, c'est-à-dire jusqu'à une profondeur de 80 à 160 kilomètres et qu'au delà, elle diminuât jusqu'au centre. Il demandait seulement qu'on dît chaleur intérieure et non chaleur centrale.

Il fit ensuite une pointe sur les dikes, les attribuant à des volcans particuliers dits à cheminée verticale, qui, au lieu de s'ouvrir un cratère, auraient profité des crevasses ouvertes précédemment, comme le démontrent les chapiteaux de basalte dont certaines collines du Cantal et de l'Ardèche sont couronnées, puis il arriva aux sources thermales, prétexte et occasion de sa longue causerie.

Il établit d'abord que toutes, sans exception, jaillissent à travers des crevasses qui ont servi de soupiraux à des éruptions granitiques, porphyriques ou volcaniques. Ces crevasses sont tapissées à l'intérieur de concrétions et de matières sulfureuses et ferrugineuses, de chlorures divers, de sel ammoniaque, etc.

La Dordogne près de la Bourboule.

L'eau de la pluie s'infiltre à travers les crevasses formées dans les plateaux, soit par soulèvement, soit par retrait. Oxygénée et par conséquent oxydante, cette eau dissout les azotates, les débris organiques et les sels alcalins. Chargée d'acide carbonique, elle dissout les carbonates de soude, de potasse, de chaux et les convertit en bi-carbonates qu'elle emporte ; elle décompose les carbonates de fer et de manganèse ; à la longue même, elle transforme les roches ignées en silicate soluble qu'elle entraîne, et en matières insolubles telles que le kaolin, par exemple.

Ainsi chargées de matières diverses, les eaux dont la température a augmenté avec la profondeur et avec l'activité des foyers chimiques qu'elles ont traversés, sont poussées au dehors par la force expansive des gaz, de la même manière que le bouchon d'une bouteille de champagne est projeté hors du goulot par l'acide carbonique contenu dans le vin.

Il cita Ampère, Arago, Becquerelle, Fissot, et comme nous entrions à la Bourboule, il nous exposait que le soleil et les étoiles sont des corps opaques composés d'une masse centrale solide non oxydée, par conséquent non incandescente, d'une couche concentrique plus ou moins épaisse à l'état d'oxydation et d'incandescence, d'une croûte superficielle oxydée et refroidie, d'une atmosphère diaphane et nuageuse, et enfin d'une photosphère ou seconde atmosphère gazeuse et lumineuse, sorte d'auréole qui entoure la première atmosphère. Quant à la terre et aux planètes elles ne différaient, suivant lui, des autres astres que par l'absence de photosphère.

— En résumé, monsieur, dit le professeur lorsque l'intarissable discoureur se fut enfin décidé à mettre le point final au bout de sa dernière phrase, vous venez de nous exposer sommairement la théorie chimique dont j'ai eu l'honneur d'entretenir plusieurs fois ces messieurs, au cours de nos leçons.

— Et même dans nos promenades, ajouta sèchement Mme Deschamps.

L'inconnu ne fut nullement déconcerté par cette double réponse ; il adressa au professeur un de ses obséquieux saluts accompagné d'un : Parfaitement ! à la fois triomphant et satisfait. Un monsieur décoré passait, le chapeau sur les yeux, très affairé.

— Docteur, docteur ! lui cria notre homme, vous m'autorisez à introduire ces messieurs partout, n'est-ce pas ? Et avec un geste non moins grotesque que majestueux, désignant le professeur : « L'illustre géologue Antoine Pagès ». Il ajouta en indiquant le personnage décoré : « M. l'inspecteur des eaux ».

M. l'inspecteur salua, s'approcha, affirma qu'il était fort honoré de la visite d'un homme que... qui... d'un homme *dont auquel*, comme on dit dans mon pays, lorsque l'énumération des vertus, exploits et qualités serait trop longue. Finalement, il nous autorisa à regarder tout ce qu'il nous plairait de voir, à étudier tout ce qui nous paraîtrait digne de l'être.

M. Pagès remercia en son nom et au nôtre, puis se laissa complaisamment piloter à travers les trois établissements, et expliquer comment le forage des puits artésiens a séché les sources qui jaillissaient autrefois au pied de la montagne et permis ainsi d'obtenir une eau minérale plus chaude (50 à 60 degrés) et en plus grande abondance.

L'ardeur avec laquelle il parlait des avantages de cette station, de l'efficacité de ses eaux, le soin qu'il mit à nous faire constater la température des sources, visiter le grand bassin de natation, les piscines de famille, le parc de la Fenestre, le casino, nous amenèrent à supposer que ce monsieur, étant actionnaire de la compagnie des eaux, faisait de la réclame à sa manière.

Mme d'Esteil le prit pour un des médecins de l'endroit, elle le consulta pour savoir si elle ne ferait pas bien de quitter Royat pour la Bourboule.

Il répondit : Euh, Euh ! et lui offrit un verre d'eau qu'elle avala avec beaucoup de grimaces, bien qu'elle déclarât cette eau délicieuse.

Au bureau des voitures, pendant qu'on comptait les voyageurs pour s'assurer qu'il fallait un supplément, c'est-à-dire une voiture de renfort, notre guide prit congé du professeur et lui demanda, avec force politesses, la permission de lui offrir un souvenir de l'agréable journée si rapidement envolée, en même temps qu'un léger témoignage de son admiration.

On part, en voiture ! criait le conducteur. M. Pagès, déjà sur le marchepied, répondit hâtivement : Volontiers ! prit le léger témoignage, s'assit et, fouette cocher ! nous étions en route.

M⁻ Deschamps s'empara bien vite du souvenir et témoignage pour voir en quoi il consistait. C'était une brochure portant pour titre : *Guide du géologue, du touriste et du baigneur dans le plateau central;* elle était d'un M. Poitevin, ancien huissier à Riom, et le dit M. Poitevin n'était autre que l'élégant, long et verbeux personnage au salut obséquieux.

Il nous avait récité une partie de sa brochure !

Le lendemain, nous disions adieu à Mont-Dore-les-Bains, à ses maisons de trachyte, à ses rues maussades et poussiéreuses, à son triste parc, à ses baigneurs, et nous partions à Besse par le Sancy.

Notre cavalcade se déroulait en file indienne, sur le chemin cailouteux qui longe le canal de dérivation de la Dordogne ; un guide nous précédait, à cheval comme nous, et trottant comme s'il n'avait pas eu charge d'âmes. Suivez mon chapeau noir, semblait-il dire, vous le trouverez toujours en arrivant au sommet de la montagne. Derrière nous, marchait le garçon du loueur qui devait ramener les chevaux, quand nous aurions atteint la buvette du Sancy.

Mme d'Esteil flamboyait vers le milieu du cortège dans une mirifique robe de soie très remontée par la fourche, et découvrant largement les chevilles de l'écuyère. Honni soit qui mal y pense !

A la sortie du bourg, une femme nous avait affirmé que nous ne pouvions manquer de faire bon voyage, parce que nous avions le meilleur guide du pays. Elle était vieille et laide, mais comme nous n'avions pas d'Arabes parmi nous, personne ne conçut de mauvais présage de cette rencontre.

Nous franchissons le ruisseau de la Grande Cascade que nous n'avons cessé jusqu'ici d'apercevoir, tombant du haut de son rocher trachytique, et nous continuons d'avancer dans la vallée de la Dordogne qui paraît s'élargir devant nous. A droite et à gauche, le versant des montagnes est couvert de bois de sapins dont l'épaisseur assombrit le vallon, que domine à droite le Capucin, longtemps visible au-dessus des sommets ; notre file s'est rompue, quelques cavaliers quittant le chemin pour chevaucher dans l'herbe, il se forme peu à peu des groupes sympathiques.

Nous faisons halte à l'entrée de la vallée d'Enfer ouverte à notre droite, pour admirer à notre aise, l'entassement de rochers qui la ferme ainsi que la vallée de Lacour contiguë à celle d'Enfer. Trois ou quatre maisons basses, trapues, comme écrasées sous leurs toits de phonolithe qui descendent presque jusqu'à terre, afin de donner moins de prise au vent dans les tourmentes, s'élèvent à l'entrée de la vallée, au milieu de maigres pâturages ; ce sont les burons du Mont-Dore.

Les burons sont, en Auvergne, ce que sont en Suisse, les chalets de montagne : des abris pour les vachers commis au soin des troupeaux, et des fabriques de fromage.

Pendant que le guide nous nomme les montagnes qui ferment l'horizon, entre autres le pic de l'Aiguillier, Mme d'Esteil, incapable de gouverner sa monture, prend une avance involontaire et Savenay nous rejoint, apportant des seneçons à feuille

Pic de l'Aiguillier dans le groupe du Sancy

d'armoise assez communs dans le canton et une plante rarissime, le silène cilié. Bon prétexte pour prendre la droite de Suzanne, et Savenay n'y manque pas. Ils ont sans doute beaucoup de choses à se communiquer à propos de ce mystérieux Jacques dont le nom revient si souvent dans leurs courts entretiens. D'abord, ils parlent du silène cilié, de la délicatesse de ses fleurs carminées, de Pourret, l'horticulteur ami du grand-père de Savenay, qui l'a dénommé, de la curieuse anecdote qu'il aimait à raconter à propos de la rose qu'on appelle Souvenir de la Malmaison, de la beauté sauvage du pays que nous traversons. Et Jacques? Ils y arrivent enfin, Suzanne en parle la première. Elle ne l'a pas revu depuis le triste évènement, elle en est désolée, car il a pu croire que, comme tout le monde, elle méconnaissait sa droiture.

— Non, Jacques avait assez foi en elle pour être sûr qu'elle n'avait jamais douté de son honneur. — Cher Jacques ! ils se connaissaient si bien, lui et elle, qu'ils ne pouvaient concevoir une mauvaise idée l'un de l'autre ; elle espérait qu'André écrirait à Jacques ce qu'elle venait de dire, qu'il voudrait bien lui communiquer les nouvelles qu'il recevrait, et qu'il la tiendrait au courant de toutes les démarches qu'il ferait pour accomplir la tâche dont Jacques l'avait chargé.

André était à peu près sûr de réussir dans cette tâche ; quant aux nouvelles, il en attendait, il avait même écrit à notre résident à Saïgon, parce qu'il n'était pas sans inquiétude du long silence de l'absent.

Elle devint si pâle qu'il s'en effraya et se hâta d'atténuer ses paroles. Il n'était pas positivement inquiet, il était plutôt impatient, il savait bien qu'un soldat appartient, avant tout, à son service ; la compagnie de Jacques avait peut-être été envoyée ailleurs, peut-être même que les lettres tant désirées, l'attendaient chez lui ; il écrirait de Besse pour se les faire envoyer à Murat.

Notre avant-garde venait encore de s'arrêter, non pour admirer le paysage, mais pour répondre aux questions d'une grosse dame qui était assise au bord de la route et regardait piteusement un petit âne. Celui-ci « l'œil morne et la tête baissée, semblait se conformer à sa triste pensée ». Ils étaient venus jusque-là, l'un portant l'autre, mais le pauvre baudet accablé sous le poids de l'amazone, avait refusé d'aller plus loin. La dame attendait, peu patiemment, la caravane dont elle avait espéré faire partie ; elle était là depuis plus d'une demi-heure, elle demandait combien de temps il fallait pour monter, pour redescendre, si l'on restait généralement longtemps en haut. Elle regrettait de n'avoir pas osé prendre un cheval, on n'avait pas besoin de savoir si bien monter, car elle venait de voir une dame encore plus forte qu'elle, — forte est l'euphémisme dont se servent les dames, un peu fortes, pour parler des personnes trop grasses — et elle ne croyait pas qu'il fût difficile de se tenir à cheval aussi bien que cette grosse dame. Cette fois l'épithète y était, et non sans un peu d'amertume rageuse.

Notre guide entama un long colloque avec l'abandonnée, pendant que, tournant à gauche, et franchissant sur les cailloux et les blocs de rochers qui le divisent, le ruisseau argenté de la Dordogne, nous suivions des lacets qui nous conduisirent en vue de la cascade du Serpent, mince filet d'eau bordé de mousse, descendant du puy de Cacadogne au milieu d'une belle forêt de sapins. Il nous rejoignit auprès de la Dore, juste à temps pour nous indiquer l'endroit où se trouve une mine d'alunite aujourd'hui abandonnée. Des fragments de minerai épars sur le sol, nous avaient déjà dénoncé l'existence de cette mine, et plusieurs d'entre nous avaient mis pied à terre pour ramasser des échantillons. La présence de l'alunite est une preuve certaine de la nature volcanique des monts Dore, puisque cette substance résulte, par épigénie, des roches feldspathiques, soumises aux émanations sulfurées des volcans.

L'épigénie est, comme on sait, la substitution d'une substance à une autre par suite d'une action chimique.

Partout où l'on connaît l'alunite, elle se trouve dans le voisinage de terrains trachytiques et dans des détritus de ponces. Elle semble placée dans d'anciennes solfatares et il s'en produit journellement dans les solfatares actives comme à Pouzzoles. Elle sert à fabriquer l'alun ; pour cela, il suffit de la calciner, de la réduire ensuite en pâte en l'arrosant d'eau, de lessiver cette pâte à chaud et de concentrer les eaux pour faire cristalliser.

Nous sommes au pied du Sancy, nous montons à travers des pâturages mamelonnés, par la nouvelle route que des affiches manuscrites, collées sur des troncs d'arbre ou fixées à des baguettes fichées en terre, nous ont déjà plusieurs fois invités à suivre ; nous avons, par échappées, une vue de Mme d'Esteil et de sa robe de soie qui nous paraît ballonner de plus en plus. Nous rattrapons presque la comtesse au plateau sur lequel prend naissance la Dogne qui forme la Dordogne en s'unissant à la Dore au bas de la montagne ; nous la hêlons pour l'inviter à boire avec nous, à la source même, et à se reposer un instant. Suzanne et sa sœur sont descendues pour se donner le plaisir enfantin de traverser d'un bond ce ruisseau, embryon d'une importante rivière, et pour cueillir des populages qui y croissent en abondance, mêlés à des renoncules blanches. Ce que répond Mme d'Esteil n'arrive pas jusqu'à nous, et nous la perdons de vue aussitôt. Les amis de la dame à l'âne que nous avons laissée en détresse sur le chemin, redescendent; ils sont encore égayés d'une rencontre qu'ils viennent de faire : celle d'une grosse dame en robe de soie, qui ballotte sur un cheval en affirmant que vivrait-elle deux mille cinq cents ans, ce qui est beaucoup, elle ne referait jamais une pareille folie de jeunesse. Si la sangle n'a pas déjà cassé à une des secousses que la grosse dame lui donne en se remettant en selle, c'est qu'elle est solide. Et il paraît que c'est pour un certain Roger qu'elle accomplit cette course périlleuse, et un Roger qui ne lui en sait aucun gré, à ce qu'elle croit. La jeune femme qui a raconté cette histoire éclate de rire. Roger est devenu rouge comme une pivoine, puis très pâle, d'une pâleur grise qui s'étend jusqu'aux lèvres. Un jeune homme entreprend d'ajouter quelques détails grotesques à ceux qu'a donnés la jeune femme, il voudrait bien connaître cet ingrat pour lequel la grosse dame a confié sa personne à la bonne foi d'une monture de louage.

Roger pousse son cheval de manière à barrer le passage au causeur et d'une voix tremblante :

— Je suis Roger d'Esteil, et la dame dont vous parlez si librement est ma mère, je vous défends d'ajouter un mot!

Le pauvre garçon parlait comme un homme, mais à l'agitation de ses mains, au mouvement convulsif de ses lèvres, on voyait qu'il était près de pleurer comme un enfant. Les voyageurs saluèrent et s'éloignèrent en silence. Probablement qu'ils ne se firent pas faute de reprendre leurs quolibets lorsqu'ils se furent éloignés. Par le fait, on pouvait trouver la tournure de Mme d'Esteil un peu extraordinaire sans avoir pour cela un trop mauvais esprit, son fils et son neveu n'avaient pas été les derniers à en rire.

De nombreuses parnassies annoncent que les prés deviennent tourbeux, le chemin est défoncé, çà et là ; les pieds des chevaux y ont laissé des trous au fond desquels il y a de l'eau. Nous voici sur un plateau marécageux tout blond de linaigrettes aux épis soyeux : c'est ce qu'on appelle les marais de la Dore. Nous cherchons des yeux Mme d'Esteil, il y a bien, au bord du talus, un cheval qui s'ébroue, mais d'écuyère point. Pourtant ce flamboiement soyeux sur la terre mouillée, serait-ce ?... Mon Dieu oui ! c'est bien Mme d'Esteil, qui fait l'arbre, comme dit fort incongrûment M. le vicomte avec son mauvais sourire ; la sangle a fini par casser et la pauvre femme a glissé, de compagnie avec la selle, entre son cheval et le talus. Ses cris sont étouffés sous son vaste chapeau aplati sur sa figure, elle est vraiment dans une position critique.

Il avait fallu un certain travail pour hisser Mme la comtesse sur son cheval, il n'en fallut pas moins pour opérer un sauvetage auquel elle se prêtait fort peu, roulant sa tête d'une épaule sur l'autre, se laissant retomber assise chaque fois qu'on la relevait, répétant que vécut-elle deux mille cinq cents ans, ce qui serait beaucoup, elle ne recommencerait jamais pareille folie et s'applaudissant de n'avoir point entraîné Cara dans une expédition si périlleuse.

— Mais aussi, pourquoi avez-vous pris une robe de soie, fit Mme Deschamps impatientée, vous deviez bien savoir que la soie glisse sur le cuir de la selle.

Par bonheur, nous n'étions plus loin de la buvette d'où l'on monte à pied, en quelques minutes à l'extrême sommet du Sancy, nous y conduisîmes la gémissante comtesse que nous réussîmes, non sans peine, à persuader qu'elle ne s'était brisé aucun membre. M. Deschamps et Roger se dévouèrent pour la remorquer jusqu'en haut, le long des raides zigzags.

Assise dans l'escarpement qui domine le Jardin, une jeune femme peinturlurait une aquarelle à la grande jubilation d'un monsieur qui l'accompagnait; elle céda gracieusement sa place à Suzanne pour lui permettre de savourer la sensation « d'énorme vide qu'on ressent au bord de ce béant abîme ». Il paraît que les plus belles fleurs de la région sont réunies dans le Jardin, la poétique aquarelliste y serait descendue sans les remontrances de son compagnon. C'est là que les marchands du pays s'approvisionnent de sambucus, de fritillaria meleagris, et de lilium martagon. Diable! Cette jolie blonde ne pratique pas que l'aquarelle.

Les sureaux ne tentent pas Suzanne, les fritillaires alors défleuries, encore moins ; il n'en est pas de même des lis martagons avec leurs fleurs roses ponctuées de pourpre, qui rappellent en petit, celles du lis du Japon, on en voit justement une touffe dont les hampes se balancent à la brise, embaumant la montagne de leur suave parfum.

— Les voulez-vous, demande Savenay ?

— S'ils étaient à portée, je ne dis pas, mais dans ce ravin, ils ne me font pas envie : ce serait trop dangereux de les aller chercher.

— Les gens du pays y vont bien.

— Non, non! s'écrie Suzanne avec une véhémence qui attire l'attention de tout le monde. André s'est déjà laissé glisser au bas du rocher auquel il s'accroche d'une main pendant qu'il s'efforce d'atteindre les fleurs de l'autre.

— J'ai le pied montagnard, fait-il en riant, et il disparaît au fond du ravin.

A partir de ce moment, les aquarelles de la dame blonde, sa causerie botanique, ses mines enthousiastes, les beautés même du site sauvage, n'eurent plus d'intérêt pour Suzanne ; penchée à l'extrême bord de la crête, elle épiait le retour du hardi jeune homme qui risquait peut-être sa vie pour satisfaire le caprice d'une personne hier encore inconnue ; elle se reprochait de n'avoir pas su dire ce qu'il fallait pour empêcher André de descendre. Raoul se tenait auprès d'elle, les yeux brillants, plein d'admiration pour l'audace de Savenay qu'il trouvait « rudement adroit ».

Lorsqu'André reparut, il portait une botte de lis entremêlés d'ancolies fort rares, de nigritelles au parfum de vanille et de céphalantheras à fleurs roses. Il la tendit à Suzanne en lui disant presque à voix basse :

— Jacques m'a souvent parlé de votre passion pour les fleurs.

Tout en montant les quelques mètres qui nous séparaient du plateau, je ruminais les lambeaux de conversation que j'avais plusieurs fois surpris et dans lesquels revenait ce Jacques sur lequel je n'avais cependant rien appris que de vague, je résolus d'en avoir le cœur net et de demander tout bonnement au vieux monsieur de satisfaire ma curiosité.

Une sorte de remou dans le groupe qui me précédait vint m'arracher à mes réflexions. Un fil de fer tendu en travers du chemin empêchait d'aller plus loin. Une Auvergnate en costume, c'est-à-dire coiffée d'un chapeau de paille orné de velours noir, posé pardessus le bonnet, s'opposait à l'invasion de notre guide qui cherchait à se glisser sous le fil de fer protecteur, et repoussait la bonne femme. Celle-ci criait : Payez-moi, on ne passe pas sans payer je vous dis ! Vous ne passerez pas.

Sur l'étroit plateau, un monsieur discourait d'un ton fort animé au milieu de cinq femmes assez décontenancées. Ce monsieur qui faisait une saison au Mont-Dore avait invité ces dames à l'accompagner dans l'excursion du Sancy et trouvait les exigences de l'Auvergnate plus qu'abusives.

Bien qu'il parlât français avec un accent boulevardier aussi pur que celui de notre jeune vicomte, il avait le vrai type saxon : haute taille, large carrure, extrémités fortes, teint coloré, il faisait penser à l'homme du Shropshire dans un roman bien connu de Dickens, cet homme exubérant dont la colère est la vie.

Il parlait en rejetant sur l'épaule le revers gauche de son veston, pour mettre le pouce dans l'entournure de son gilet, par un geste élégant, au temps où il était assez jeune pour prendre rang parmi les fashionables. Il portait toute la barbe, une barbe épaisse et blanche comme ses cheveux, encore abondants et légèrement bouclés.

— C'est monstrueux ! criait-il d'une voix furieuse, il faut être en France pour voir des choses pareilles ! Comment, des Français ne peuvent gravir à leur aise la plus haute cime du pays de Gaule, la montagne par excellence : Dore ! Dore signifie montagne en Celtique, le Mont-Dore, c'est comme qui dirait le mont, le seul, l'unique, celui qu'on n'a pas besoin de nommer parce que tout le monde le connaît. Et on me demande vingt sous pour y poser le pied, c'est monstrueux !

Les dames offraient de payer elles-mêmes, et faisaient mine de s'exécuter, il les arrêta.

— Pas du tout, pas du tout, mesdames, je vous ai amenées, je paierai. Il n'en est pas moins vrai que c'est monstrueux de voir qu'un monsieur Besnard, Renard, je ne sais quoi.....

— Raynouard, corrigea l'Auvergnate, M. Raynouard, de Besse.

— Qu'est-ce que cela me fait qu'il soit de Besse !

— Je ne vous demande pas si ça vous fait quelque chose, je vous dis qu'il en est. Un ancien juge de paix, et si vous parlez mal de lui, il saura bien vous faire taire.

— Parler ? J'écrirai, je vais envoyer des articles à tous les journaux.

— Faites pas ça ! riposta l'Auvergnate qui commençait à s'échauffer aussi, il vous en cuirait. Je vous dis qu'il a été juge de paix, il saurait bien vous faire payer des dommages, allez ! il connaît les affaires.

— Moi aussi, je les connais, les affaires !

Les curiosités du pays sont aux Français avant d'être à n'importe qui. Payer pour passer le Sancy, c'est monstrueux !

Est-ce que c'est ce monsieur qui l'a élevé à ses frais ?

— Je vous ai pas dit ça, mais pas moins, il l'a payé, moi aussi, j'ai payé et pas un sou, que je vous dis, c'est des beaux billets de mille francs qu'il m'en a coûté pour mes cinq ans, faut bien que je rentre dans mon argent, payez-moi. Vous êtes six, c'est six francs.

La plus âgée des cinq dames mit la main à sa poche ; ce simple geste ralluma le courroux de la barbe blanche.

— Mesdames, je vous en prie, je vous ai amenées ici, j'en fais mon affaire, seulement j'ai bien le droit de protester au nom de tous les Français, contre un abus aussi monstrueux.

La locataire de M. Raynouard, de Besse, avait repris son sang-froid, elle attendait patiemment, la main tendue.

— Vous dites un franc par personne ? C'est absurde ! Enfin ! Nous sommes six ? oui, six. Eh bien, voilà, prenez ! Deux francs, il en faut encore quatre — c'est monstrueux ! Deux et un trois — je n'ai jamais rien vu de pareil ni en Angleterre, ni en Suisse, ni nulle part — trois et un, quatre — dans l'Oberland bernois, on paie pour traverser les propriétés, mais ce n'est pas un franc, c'est un sou — tenez, voilà encore un franc, ça doit faire votre affaire.

— Je vous ai dit un franc par personne, vous êtes six, c'est encore vingt sous.

— Vingt sous ! vingt diables qui emportent la montagne.

Les dames sont de plus en plus embarrassées ; elles sortent simultanément leur porte-monnaie.

— Permettez, reprend l'homme du Shropshire, cela me regarde. Tenez, les voilà vos vingt sous. C'est votre compte maintenant, bonsoir. Si vous ne voyez jamais d'autres voyageurs que ceux que j'enverrai, vous pourrez plier bagage et chercher un autre moyen de payer votre monsieur... chose.

— Je vous ai dit Raynouard, de Besse.

— Merci. Je ne vous dis pas au revoir.

Il se mit à descendre par où nous étions arrivés, il gesticulait, répétait : C'est monstrueux, et ne se préoccupait nullement des cinq femmes qui trébuchaient à sa suite sur le sentier raboteux, d'un air assez mortifié.

Notre tour était venu de passer au guichet.

— Combien que vous êtes, dit l'Auvergnate et elle nous compta du doigt, comme font les écoliers pour désigner celui qui « le sera ». Vingt-cinq, c'est bon, c'est vingt-cinq francs et encore je compte pas le guide.

Son visage s'était éclairé d'un sourire de cupidité satisfaite; elle condescendit, après avoir empoché la somme, à nous donner des renseignements sur le Sancy, sur l'érection de la croix de fer qui le surmonte, sur la concurrence déloyale qui lui était faite par la nouvelle route et la nouvelle buvette. En résumé, ce n'est pas tout à fait pour exploiter ceux qu'un malheureux sort expose à franchir le Sancy que la bonne femme a payé un fermage au propriétaire, c'était pour établir une buvette aujourd'hui délaissée, parce que, nous dit-elle, quand on a bu à l'autre, on n'a pas le temps d'amasser de la soif pour la sienne.

— Qu'est-ce qu'il fallait faire, perdre mon pauvre argent? C'était pas juste, j'ai dit : Ceux qui monteront paieront, on paie souvent bien plus cher pour voir des choses qui en valent moins la peine que le panorama d'ici. Mais il y a du monde qui est avare et qui crie comme le monsieur à cheveux blancs. Pourquoi invite-t-il des dames ? Il n'avait qu'à venir tout seul, ça lui aurait coûté moins cher, c'est pas la faute aux autres, si six francs le gênent.

Moins véhéments que le monsieur en question, nous gardons nos réflexions pour nous ; il n'en est pas moins vrai que nous la trouvons mauvaise, comme dit Raoul.

De l'étroit plateau sur lequel nous nous tenons serrés autour du professeur, il est difficile de reconstruire, autrement que par la pensée, le cratère d'éruption de l'énorme volcan dont les monts Dore ne sont en quelque sorte que l'ossature, dégagée de tout ce qui la couvrait, par les éboulements, par l'action des glaces et par celle des météores. On peut affirmer, toutefois, que le Puy-Ferrand, le Puy-de-l'Aiguiller, le Cacadogne, ont fait partie de ce cratère dont la cheminée centrale s'ouvrait, très probablement, dans les grands cirques d'érosion où la Dordogne et la Couze du Chambon prennent leur source. Dans le voisinage du foyer d'éruption, les roches sont presque toutes trachytiques, ensuite on rencontre des basaltes qui ont coulé plus loin, grâce à leur plus grande fluidité.

Quelques-uns des courants basaltiques étaient si puissants qu'ils ont parcouru une distance de vingt-cinq à trente kilomètres.

Les érosions qui ont entraîné, au loin, les matières légères, et dissout les roches tendres pendant qu'elles laissaient inattaquées les roches résistantes telles que la phonolithe, ont raviné et creusé le pays en tous sens, ouvrant ici des vallées, mettant ailleurs à découvert de hautes pyramides comme les trois roches que nous avons vues non loin du lac de Guéry : la Tuilière, la Sanadoire et la Malviale.

Le vieux monsieur est un précieux compagnon ; outre qu'il est aimable et causeur, son âge lui permet d'être, avec le professeur, sur un pied d'égalité qui nous est interdit. Quand nous n'osons interrompre ou interroger, il sait, avec sa politesse exquise, appeler l'attention du maître sur le point obscur. M. Pagès a parlé de l'action érosive des glaces sur le massif du Mont-Dore, est-ce à dire que les vallées qui rayonnent autour du Sancy, aient été envahies par la glace à une époque géologique quelconque ? — Il y eut là, en effet, pendant la première période glaciaire, un glacier qui affleurait les crêtes des montagnes et dont l'existence est attestée par l'énorme-moraine de Perrier, tout près d'Issoire.

Rien de curieux comme l'aspect du pays vu du haut du Sancy; ce qui frappe, ce n'est pas l'immensité du panorama, quoique la vue s'étende jusqu'aux collines du Limousin, aux Cévennes et même, avec un peu de bonne volonté, jusqu'aux Alpes dont la silhouette indécise flotte comme un nuage au delà du Mézenc et des monts du Forez; ce n'est pas le contraste de quelques montagnes aux flancs déchirés et stériles avec le manteau de verdure que font aux autres, les forêts et les pâturages ; ce ne sont pas les sommets élevés qui se dressent de tous côtés : le Cacadogne, le Puy-de-Mareilhe, le Puy-de-l'Angle, le Cliergue, le Capucin, le Puy-Ferrand, le Montcineyre et d'autres ; ce n'est pas la morne nappe du lac Pavin, endormi au pied du puy de Monchalm, ni le plateau de Cézalier qui s'élève entre le massif du Mont-Dore et celui du Cantal ; c'est la position même du Sancy auquel plusieurs vallées viennent se rattacher, pareilles à des barques amarrées autour d'un poteau gigantesque. Ce sont la vallée du Mont-Dore, la vallée d'Enfer, celle de Lacour, celle de la Burande, celle de Chaudefour, très sauvage de ce point, et très riante, vue de la route de Besse au Chambon.

Un gros oiseau presque tout blanc, sort de cette dernière vallée, il se dirige du vol puissant des rapaces, vers les bois dans lesquels rampe la cascade du serpent. Malheur aux grenouilles, aux couleuvres, aux dityques, cet oiseau qui passe, doit être un circaète Jean-le-blanc, le cousin germain de la buse dont il a la bêtise et la méchanceté.

Nous commençons à descendre; nous suivons d'abord la vieille route, sentier difficile et pierreux qui arrache à Mme d'Esteil autant d'hélas que le chemin du Plat-à-barbe. Auprès de l'ancienne buvette, Savenay découvre encore une plante rare, le réséda phyteuma, un réséda à fleurs blanches en forme de clochettes.

Nous passons le col qui sépare le Sancy du Puy-Ferrand ; de larges plaques de neige remplissent encore les anfractuosités de la montagne, au-dessus du cours des ruisseaux que coupe la route. Nous avons à gauche, le Puy-Ferrand, à droite le Puy-de-Pailharet, couronné d'un chapiteau de rochers qui ressemble à un grand aigle aux ailes entr'ouvertes.

Si mauvais qu'il soit, un chemin est toujours un chemin ; bientôt, nous n'en trouvons même plus l'apparence ; il nous faut descendre à même la montagne, dans des prés humides, tourbeux, sur un terrain raboteux, coupé de trous qu'on soupçonne seulement après qu'on y a trébuché. L'arnica et la gentiane jaune poussent en quantité dans ces pâturages mêlés de buissons de genévriers. La descente nous paraît interminable, nous demandons Vassivière à grands cris ; enfin, nous l'apercevons au loin sur une petite côte, de l'autre côté de la route. Cette vue nous rend le courage, nous descendons d'un pas si allègre que nous ne faisons même pas attention au petit cours d'eau qu'il faut traverser et que plusieurs franchissent en deux fois. Je ne crois pas avoir besoin de dire que Mme d'Esteil est du nombre.

Vassivière n'est pas un village, c'est une église qui s'élève auprès d'une source miraculeuse, et possède une vierge noire, une vierge qui ne veut pas habiter ailleurs. Les gens de Besse l'avaient emportée chez eux, pensant que leur église serait une demeure plus décente que le vieil édifice de lave, entouré de trois ou quatre fromageries, dans lequel elle était reléguée. Un beau matin, ils n'ont plus retrouvé leur Vierge noire ; Notre-Dame de Vassivière était retournée chez elle et veillait de nouveau sur la bienfaisante fontaine qui fait parler les muets et marcher les paralytiques.

Grande joie des fromagers, mais joie de peu de durée, car les gens de Besse emportent de nouveau Notre-Dame. Comme elle s'obstinait à revenir chaque fois qu'ils la reprenaient, le cas devint embarrassant ; on finit par décider que Notre-Dame passerait l'hiver à Besse et l'été à Vassivière, arrangement dont elle fut sans doute satisfaite, puisqu'elle attend maintenant qu'on revienne la chercher. Le transport de la Vierge noire donne lieu à deux fêtes religieuses qui attirent un grand concours de pèlerins. C'est le 2 juillet qu'on

Vassivière

célèbre celle de Vassivière, l'église est alors trop petite, on est forcé d'établir un autel en plein vent. A droite et à gauche du chemin par lequel on rejoint la route de Besse, s'élèvent quatorze croix de fer à piédestal de granit, marquant les stations du pèlerinage. Elles sont dues à la munificence des communautés et des richards de l'endroit qui ont pris soin de faire graver leur nom sur des plaques de cuivre fixées aux croix, afin, sans doute, que leur main gauche pût ignorer les libéralités de leur main droite.

Le landau retenu par M. Deschamps, qui redoutait la fatigue pour sa jeune femme, attendait au bas du chemin de croix,

Mme d'Esteil y retrouva sa chère Cara, à laquelle elle s'empressa de faire part des dangers qu'elle avait courus, dans ce langage à la fois tendre, dramatique et enfantin dont elle seule possède le secret.

Suzanne refusa de prendre place dans la voiture sous prétexte qu'elle n'était pas du tout fatiguée et préférait marcher. Je crois

Lac Pavin vu du pied du puy de Montchalm

que c'était un bon mensonge ayant pour objet d'ôter tout scrupule au vieux monsieur qui se laissa aller sur les coussins avec une satisfaction évidente. Le vieux monsieur, Mme d'Esteil et Cara occupèrent les places du fond, Mme Deschamps, Raoul et Roger se serrèrent sur l'autre banquette.

— Marie, dit Suzanne, prends donc mes fleurs, tu les faneras moins que moi. Fais-y bien attention, n'est-ce pas.

— Oui, oui, sois tranquille.

Le landau partit sur cette assurance et se dirigea comme nous, vers le Pavin. Nous arrivons au lac presque à la nuit tombante : les ombres qui s'amassent dans le cratère au fond duquel il dort, rendent ses eaux plus mornes et ses rives escarpées plus sombres. Dans cette demi-obscurité, nous distinguons encore les bois de sapins étagés sur les pentes qui font face à la digue.

Le Pavin, — *Pavens,* épouvantable, — fut, dit la tradition, un des volcans qui firent le plus de ravages dans le pays. Le lac est alimenté par plusieurs ruisseaux souterrains, dont l'un passe au fond d'un puits naturel appelé le creux de Soucy, puits qui fut sans doute une cheminée volcanique.

On a débité, jadis, une foule de rêveries sur le compte du lac Pavin ; le poisson ne pouvait y vivre, l'eau bouillait, au milieu, dès qu'on l'agitait, le plomb des sondes était fondu par la température de ses eaux profondes, l'abîme qu'il recouvrait, pénétrait le sol jusqu'à une distance inconnue, l'imprudent qui s'y aventurait en nacelle, était bientôt englouti, et ni lui, ni sa barque, ne reparaissaient au-dessus du gouffre. De toutes ces fables, aucune n'est restée debout : on sait que le lac est profond de quatre-vingt-seize mètres, on l'a peuplé de truites qui prospèrent dans ses eaux vives et froides, les pêcheurs y conduisent, sans crainte, leur bateau.

Comme nous nous en allions, Suzanne fut arrêtée au bord de la jetée, par Savenay.

Le jeune homme tenait un bras replié derrière lui pour cacher quelque chose ; il demanda à Suzanne si réellement elle aimait les fleurs.

— Beaucoup, répondit la jeune fille surprise de la question et

du ton dont elle était faite. Elle voulut passer. André la retint.
— Pourquoi mentir, reprit-il, n'avez-vous pas jeté sur le bord du chemin, celles que j'ai cueillies pour vous ; et il ajouta avec une emphase semi-tragique : au péril de mes jours.

— Jeté vos fleurs? moi! Je les ai confiées à ma sœur afin qu'elles eussent moins à souffrir.

— Vous avez bien tort de me dire cela par politesse. Vous avez désiré ces fleurs, je suis allé vous les chercher, vous n'en voulez plus, vous les jetez; c'est aussi simple que naturel.

Il lui montra le bouquet et fit un geste pour le lancer dans le lac. Suzanne lui arrêta le bras : ils restèrent un moment ainsi, lui indécis, elle suppliante, puis le sourire amer d'André s'effaça et le jeune homme permit à Suzanne de reprendre le bouquet.

La jeune fille ne quitta plus le bras de son oncle jusqu'à Besse où nous entrâmes, à la nuit close, par la porte de l'ancien beffroi.

Beffroi de Besse

Château de Murol

CHAPITRE VI

Les deux sœurs ne s'étaient pas vues le soir, Mme Deschamps et Mme d'Esteil s'étant trouvées trop fatiguées pour nous attendre avaient soupé seules et s'étaient mises au lit.

Quand elles se rencontrèrent le lendemain, à l'heure du déjeuner, Mme Deschamps, tout à fait reposée par une nuit de bon sommeil, était souriante et gaie comme à l'ordinaire. Il n'en était pas de même de Suzanne ; la jeune fille avait une physionomie pincée qu'on n'était pas accoutumé à lui voir. Elle s'assit en face de sa sœur à qui elle adressa un signe de tête en lui disant merci, d'un ton très sec.

— Merci de quoi? fit ingénûment Mᵐᵉ Deschamps.

— De t'être donné tant de peine pour soigner mon bouquet.

Mᵐᵉ Deschamps éclata de rire, elle expliqua ce qui s'était passé. Il faisait froid, on avait fermé la voiture, les fleurs sentaient très fort, on en avait été incommodé, on ne pouvait pas s'asphyxier pour le plaisir de rapporter un bouquet dont on ne saurait que faire lorsqu'on serait arrivé.

Suzanne répliqua que les fleurs étant destinées à son herbier, elle aurait très bien su qu'en faire.

Mᵐᵉ Deschamps redoubla de gaîté, elle s'écria :

— Tu vas faire de la botanique, à présent ! tu deviendras trop savante, ma chère. La géologie et la botanique c'est trop pour une seule femme.

Suzanne la regarda d'un air si froid qu'elle redevint subitement sérieuse et changea de conversation.

Au sortir de table, elle passa gentiment son bras sous celui de sa sœur en levant vers elle son doux visage animé d'une expression de tendresse infinie.

— Il ne faut pas m'en vouloir, ma Ninette chérie, dit-elle d'une voix câline, je ne savais pas que tu tenais tant à tes fleurs, je te les remplacerai, je t'enverrai une collection complète dès que je serai rentrée à Clermont, dis, veux-tu?

Suzanne détourna la tête pour éviter le baiser qui allait suivre cette question. Sa sœur n'avait pas besoin de se déranger pour lui envoyer des fleurs, il lui suffisait de celles qui avaient été cueillies en route. C'était justement lui qui les avait retrouvées au bord du chemin, il les avait ramassées et ne voulait pas les lui rendre, tant il était blessé du peu de cas qu'elle semblait en avoir fait.

— *Il*, interrompit Mᵐᵉ Deschamps, qui cela, *il ?*
— M. André, dit Suzanne.
Ce fut au tour de Mᵐᵉ Deschamps de prendre un air froid.
— Ah ! fit-elle, il s'appelle André.
— Tu le sais aussi bien que moi : n'as-tu pas entendu plus de vingt fois, son ami lui donner ce nom.
— Je n'ai pas remarqué. Tout ce que je voulais te dire c'est qu'il est au moins inutile d'accorder plus d'attention à ce monsieur qu'aux autres élèves de mon oncle. S'il a été choqué de trouver son bouquet sur la route, je n'ai pas été moins choquée de la manière dont il s'est élancé dans un endroit dangereux pour cueillir des fleurs qu'on aurait peut-être aussi bien trouvées ailleurs.
— Tu sais qu'il est parent de Jacques, c'est pour cela qu'il te déplaît, s'écria Suzanne. Elle se calma aussitôt et reprit avec moins de vivacité. Il ne s'occupe pas que de moi, comme tu voudrais le faire entendre, il est aussi très empressé auprès de toi, Alphonse l'a remarqué, il m'en a parlé hier.
— Alphonse ? Ah ! Ah ! Ah ! Comme cela lui ressemble ! Lui qui voudrait voir toute la terre prosternée devant moi.

Voyons, mignonne, ne nous fâchons pas pour un inconnu. Je veux bien avouer que j'ai manqué de procédés envers monsieur... André. — Elle traîna la voix et prononça le nom avec le même regard en dessous dont elle avait scruté le visage de Savenay dans le jardin Lecoq. — Désormais, je veillerai soigneusement sur toutes les fleurs que tu me confieras, dussé-je attraper la migraine et asphyxier Cara.

Suzanne ne put s'empêcher de sourire à l'idée de ce dernier sacrifice, elle affirma qu'elle n'en avait pas voulu du tout à sa sœur ; elle avait été un peu contrariée, sur le moment, d'une inconséquence qui la faisait paraître capricieuse et grossière, c'était tout. Au fond, elle se souciait fort peu de l'opinion que pouvait avoir d'elle, un inconnu qu'on ne reverrait jamais après que la tournée d'excursions serait finie.

— Certainement, dit Mᵐᵉ Deschamps.

Les deux jeunes femmes s'embrassèrent avec effusion. Marie était si ravie de cette franche explication, suivie d'une réconciliation non moins franche, qu'elle se suspendit au bras de sa chère Ninette, tant que dura notre promenade à travers les rues de Besse, et voulut encore l'avoir à côté d'elle, en voiture, pour aller aux grottes de Jonas.

M. Savenay fut ce jour-là plus communicatif et plus brillant que jamais, ses connaissances en architecture, en construction et en art, nous furent au moins, aussi utiles que la science archéologique du vieux monsieur.

Besse fut une ville de luxe et d'élégance à l'époque où la reine Marguerite, reléguée en Auvergne, réunissait autour d'elle une véritable cour de gentilshommes, de nobles dames et de beaux esprits. On y trouverait à peine dix maisons modernes, toutes datent du xvᵉ, du xviᵉ et du xviiᵉ siècle. L'une d'elles fut, dit-on, habitée par la reine. Ce ne sont que portes surmontées d'écussons, fenêtres à colonnettes et à meneaux, élégantes vis de pierre s'envolant du fond des sombres cours vers les étages supérieurs. Un des écussons porte encore un monogramme, beaucoup sont suspendus à des chaînes au lieu d'être soutenus par des supports. Ce sont ceux de riches vilains.

La lave noirâtre qui a servi à édifier Besse, est si solide que le temps ne l'a pas entamée, mais l'incurie des hommes a laissé partout son empreinte.

L'impression qui ressort d'une promenade dans cette vieille ville, est celle de la rudesse des mœurs à cette époque de la Renaissance qui nous a légué tant de souvenirs de luxe, d'art et d'élégance. Si coquettes que soient les maisons, il serait difficile de s'y établir aussi confortablement que dans nos vilaines baraques modernes.

L'église, classée parmi les monuments historiques, est une ancienne collégiale avec une nef romane, des chapiteaux historiés et un chœur gothique de la fin du xv° siècle.

Vu en plein jour, le beffroi par la voûte duquel nous sommes entrés à Besse, est encore plus curieux, avec sa courte tour octogonale qui surmonte un corps de garde carré bâti lui-même au-dessus d'un bâtiment trapu de forme ronde.

Les grottes de Jonas sont situées à douze kilomètres de Besse, sur la route de Champeix. Elles sont creusées dans un tuf volcanique de couleur rougeâtre, à une hauteur qui varie entre dix et trente mètres. Quelques-unes se superposent et sont reliées par des escaliers tournants. D'autres, auxquelles on accède par des plans inclinés, paraissent avoir servi d'écuries. Une église, également creusée dans le tuf, s'élève au-dessus des grottes, elle renferme des fresques du xiii° siècle. Qui habitait en ce lieu? Nul ne sait, les uns disent que ces grottes dont soixante-quatre existent encore, constituaient un village que les habitants abandonnèrent à une époque et pour une cause inconnues; d'autres y voient un ancien couvent de Templiers. L'ordre n'ayant été détruit qu'en 1312, cette opinion peut être soutenue.

De Besse à Murol, il y a, paraît-il, neuf kilomètres ; il faut que ce soient des kilomètres spéciaux ou que le meilleur guide du pays nous ait fait prendre une coursière qui allonge au lieu de raccourcir. Une coursière, c'est un chemin de traverse.

Après des pentes caillouteuses, ce sont de maigres champs où croissent, en foule, des pensées blanches. Deux bergers nous regardent passer, ils interpellent notre conducteur en patois, ils lui demandent sans doute où il conduit tant de monde. Il me semble comprendre que le meilleur guide du pays les consulte sur son chemin.

Après avoir traversé un bois de pins agréable où nous trouvons tant d'œillets sylvestres que nous en avons tous la boutonnière fleurie, nous arrivons au bord d'un ravin que nous avions pensé traverser, mais qui, vu de près, est trop profond, et surtout trop à pic, pour que nous puissions nous y engager sans imprudence. A droite, Murol fait une tache noire sur l'horizon clair ; au delà du ravin, nous voyons poudroyer une grande plaine ensoleillée qu'il nous faut rejoindre pour aller au lac Chambon, caché derrière un repli de terrain. Pas un village dans cette plaine, rien que les quelques bâtiments d'une grande exploitation rurale, et de l'autre côté, des montagnes pas très hautes, mais assez abruptes. Nous obliquons à gauche, à travers des champs dont l'herbe desséchée est entremêlée d'œillets champêtres, de statices, de scabieuses odorantes, de knautias. Nous nous asseyons un instant en face d'une cascade peu importante, mais gracieuse ; la chaleur est insupportable, sous un soleil ardent, dans ce pays sans ombre. Après un court repos, nous traversons la Courbanche, affluent de la Couze, qui forme la petite cascade, et nous obliquons à droite, à travers la grande plaine que nous avons vue du haut du ravin. Le petit chemin blanc et poudreux sur lequel nous marchons, nous paraît interminable, nous le quittons pour un sentier taillé dans le granit du Puy-Surrain.

C'est une heureuse diversion ; de temps en temps, ce sentier nous offre des coupes intéressantes et il ouvre, presque à chaque tournant, des échappées sur la vallée de Chaudefour, cirque resserré entre des montagnes boisées et des pics nus aux formes les plus curieuses, coupé et recoupé de montagnes basses qui s'avancent au milieu des champs cultivés, comme des promontoires de verdure, et arrosé sur toute sa longueur par la Couze et ses nombreux affluents. Savenay y enrichit l'herbier de Suzanne d'une ancolie bleue qui s'est trompée de deux mois dans la date de sa floraison. Le lac Chambon ne se montre toujours pas. Mme d'Esteil s'inquiète, Cara ne peut plus marcher, il y a trop de soleil, trop de poussière, pas assez d'eau, pas assez d'ombre, la pauvre adorée en fera une maladie, à son âge, elle a neuf ans, la belle chérie ! cela peut être dangereux. Le meilleur guide du pays prend le toutou bien-aimé et le porte avec une insouciance qui est loin de diminuer l'inquiétude de Mme d'Esteil.

Au bas du Surrain, autre ruban blanc et poudreux à l'extrémité duquel passent la Couze et des ruisseaux roulant une eau fangeuse couverte d'une écume rouillée, ce doit être de l'eau ferrugineuse. Les plus curieux ou les plus altérés d'entre nous, la goûtent ; elle est en effet chargée de fer, nous nous étonnons qu'elle n'ait pas été utilisée dans un pays où la principale industrie est la mise en coupe réglée de l'habitué des villes d'eaux.

Nous voici arrivés au village de Chambon, un village propre, gai, qui respire l'aisance. Nous n'entrons pas à l'église devant laquelle nous passons, et nous ne jetons qu'un coup d'œil sur la belle croix gothique de la place.

Un peu après la sortie du village, nous atteignons la route d'Issoire au Mont-Dore, le guide nous signale un cabaret — au cas où ces messieurs voudraient se rafraîchir — et le vieux monsieur nous engage à nous détourner un instant pour voir le petit édifice

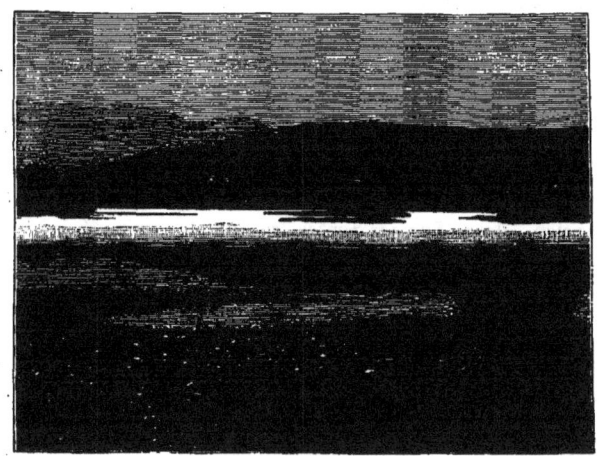

Lac Chambon (vu de la route)

en rotonde qu'on a cru longtemps être un baptistère et dans lequel l'architecte chargé de le restaurer (!!) a reconnu une chapelle sépulcrale.

Les deux invitations sont repoussées ; en avant ! c'est le lac Chambon que nous cherchons, nous voulons le Chambon.

Au bout d'une demi-heure, nous le découvrons enfin, au milieu de prairies verdoyantes, entouré de bouquets d'arbres et montrant à sa surface de petites îles boisées qui contrastent avec les escarpements de lave qui l'environnent. Il a été formé à l'époque de l'éruption des volcans secondaires du Mont-Dore, c'est-à-dire des volcans qui ont apparu après le refroidissement du volcan central, quand les laves sorties du Tartaret vinrent former un barrage qui refoula la Couze dans son lit. La route le longe, de sorte que nous pouvons le voir tout entier sans nous détourner.

Il est déjà derrière nous depuis quelque temps, les champs moins fertiles, se couvrent de blocs qui donnent l'aspect d'un vaste éboulement ; le guide nous signale à gauche, une haute roche toute droite, c'est la Dent du Marais appelée aussi le Saut de la Pucelle, à cause d'une vieille légende. A droite, s'élève le Tartaret, qui laisse apercevoir, par place, les cendres rouges de l'ancien volcan. Sur ses pentes, se déroule une forêt de hêtres dont l'ombre nous accompagne jusqu'à l'entrée du village de Murol.

Là, nous nous accordons une longue halte et nous nous débarrassons du meilleur guide du pays, avec l'idée bien arrêtée de n'en plus reprendre d'autre, ni bon, ni mauvais.

Mme d'Esteil n'a jamais vu le château de Murol, ce qui ne l'empêche pas de le savoir par cœur, l'ayant appris dans George Sand, Elle nous en récite une partie à sa manière, de sorte que « ce labyrinthe d'une étendue et d'une complication fantastiques », devient inextricable avec « ses passages hardis franchissant des brèches de rochers à donner le vertige, ses petites et grandes salles, les unes gisant en partie sous l'herbe du préau, les autres s'élevant dans les airs sans escaliers qui s'y rattachent, ses tourelles et ses poternes échelonnées jusque sur la déclivité du monticule qui porte le dike ; ses logis élégants de la Renaissance cachés, avec leurs petites cours mystérieuses, dans les vastes flancs de l'édifice féodal ».

Il ne nous reste d'autre moyen de nous y reconnaître que d'y aller voir ; c'est ce que nous faisons en abandonnant M⁻ᵉ d'Esteil et Cara à leurs bons soins réciproques.

Nous étions sans doute trop géologues et pas assez poètes, car nous fûmes moins frappés de l'aspect imposant des ruines que de la chaude lumière dont l'âpre sentier était inondé. Notre avis unanime fut qu'il y avait trop de soleil et que vu le peu de distance de Saint-Nectaire, nous pouvions nous mettre à l'ombre dans un petit bois de pins que longeait la route.

Nous n'étions pas plutôt sous les arbres qu'une vieille femme apparut tout à coup, comme si elle était sortie d'une trappe. Elle nous offrit des bouquets d'une gentiane bleu pâle de la tribu des swertiées, des photographies, des brochures contenant l'histoire du château de Murol et nous proposa de nous indiquer une coursière qui nous mènerait à l'entrée du château bien plus vite que la route. Le meilleur guide du pays nous avait dégoûtés des coursières, nous répondîmes que nous préférions la route, mais quand il ferait moins chaud. La bonne femme revint alors à l'exhibition de ses photographies que nous nous passâmes de main en main, pour tuer le temps, tandis que chacun interrogeait la marchande sur ce qui l'intéressait davantage. Savenay demanda où l'on trouvait les swerties, le vieux monsieur s'informa s'il y avait longtemps que Murol était abandonné. Mᵐᵉ Deschamps s'enquit des coutumes du pays, des usages particuliers, des légendes auxquelles le Tartaret, Murol, les grottes de Châteauneuf, auprès de Saint-Nectaire, pouvaient avoir servi de thème.

La vieille femme sut répondre à tout, avec autant de tact que de politesse ; elle remit au vieux monsieur une notice portant sur la couverture les armes des anciens seigneurs de Murol, les deux *redortes* qu'il ne fallait jamais rompre. Ce n'était qu'un franc, rien pour un monsieur qui voyage, beaucoup pour une pauvre femme comme elle, trop vieille pour travailler et sans enfants pour la soutenir, et puis, il y avait là-dedans des choses qu'on ne trouvait pas ailleurs et elle était seule autorisée à vendre la brochure. Vrai ou non, c'était bien trouvé ; le vieux monsieur paya et garda l'histoire de Murol. La vieille femme distribua ensuite ses bouquets à Savenay et aux deux dames en les remerciant avec une courte révérence, d'avoir bien voulu les accepter, après quoi elle déclara qu'il existait une belle légende sur le Saut-de-la-Pucelle et qu'elle était une des rares personnes de la localité qui pussent encore la dire en entier, et telle que la racontaient autrefois les anciens.

— Une légende, une légende ! cria Raoul du ton d'Hamlet criant : un rat, pendant qu'il larde Polonius à travers la tapisserie.

Il s'appuya des deux coudes à une haie qui était derrière lui, la taille cambrée, la tête penchée de côté dans une attitude sceptique digne d'un boulevardier de race.

Les deux sœurs étaient assises sur l'herbe, au pied d'un pin dont le feuillage léger brisait les rayons lumineux en une multitude d'aiguilles d'or qui entouraient les jeunes femmes d'une sorte de nimbe.

C'était un groupe charmant ; Marie si brune et si frêle, dans sa toilette claire, Suzanne, d'une beauté plus robuste avec ses épais cheveux crêpelés, couleur de soleil, et ses yeux célestes, moulée dans un costume de voyage très sombre. La bonne femme, debout à côté de Mme Deschamps et de sa sœur, commença la légende du Saut-de-la-Pucelle avec le même geste solennel de la main droite qu'on voit aux statues de Boudha :

« En ce temps-là, le château de Murol n'était pas comme aujourd'hui, croulant et désert ; les murailles étaient couvertes d'hommes d'armes, les écuries pleines de chevaux, les antichambres pleines de serviteurs, les cuisines pleines de marmitons, et il faut bien le dire, car un conteur doit la vérité à ceux qui l'écoutent, la grosse tour pleine de prisonniers, les oubliettes pleines de cadavres. C'était avant, bien avant le temps où le bon seigneur Guillaume gouvernait le château et se plaignait en vers qui tirent les larmes des yeux, que la mort ne vint pas ôter de tribulations « son doux las cœur qui vivre ne pouvoit ».

« Le duc Guillaume était incapable de faire autre chose que du bien, mais tous les seigneurs qui l'avaient précédé ne lui ressemblaient pas. Celui dont il s'agit, était injuste, pillard et sanguinaire, aussi était-il redouté partout aux environs.

« Les beaux seigneurs et les belles dames qui fréquentaient le château du temps de son père, n'y venaient plus depuis qu'il en était devenu maître. Les filles nobles dont il avait fait demander la main, l'avaient toutes refusé malgré ses richesses et son grand nom. Isolé dans sa forteresse, il n'avait d'autres plaisirs que de fondre comme un vautour sur les voyageurs qui traversaient la vallée du Chambon pour se rendre à la foire de Saint-Nectaire, de vexer ses vassaux et de forcer les bêtes à la chasse, quand il ne savait plus quel mal faire aux hommes

« Or, un jour qu'il s'en allait, le faucon sur le point, poursuivre les lièvres de la plaine, il vit au bord du lac, une jeune fille qui souriait à son image dans le flot clair.

« Elle portait le costume des paysannes, mais elle paraissait d'une famille aisée, elle était jeune comme le printemps, fraîche comme les fleurs nouvelles, jolie comme les amours.

« Pardieu! dit le seigneur en lui-même, il n'y a château ni seigneurie d'Auvergne ou autres lieux, qui renferme une si belle enfant. Je la veux épouser; elle me donnera une lignée de fils vaillants et me vengera de toutes ces filles de nobles qui ont jugé la vie trop rude en mon château pour accepter ma couronne de comte et ma main.

— Ton nom, la belle fille?

« Elle leva les yeux sur celui qui l'interrogeait. Quand elle reconnut le seigneur, elle devint plus blanche que la neige de l'hiver et ne trouva pas de voix pour répondre.

« Le seigneur avait été si frappé de la beauté de cette fille qu'il oublia de se fâcher, et puis, il crut peut-être que le respect, et non la terreur, ôtait la parole à la belle fille. Il descendit de cheval, remit la bride à son écuyer et traversa la prairie à grands pas. Il s'assit auprès de la belle fille et lui confia le beau projet qu'il venait de se mettre en tête, de faire d'elle sa châtelaine et son épouse.

— Il n'est pas séant aux seigneurs d'épouser des bergères, répondit la belle fille, je ne recevrais honneur ni respect des autres seigneurs dans les fêtes, chevauchées ou repas auxquels il me faudrait assister, on vous reprocherait d'avoir fait entrer dans votre maison une lignée bâtarde mêlée de sang de paysan.

« Cette réponse était sage et faite d'un ton modeste, pourtant le seigneur s'en irrita, comme il s'irritait de toutes les résistances.

— Nulle chose n'est malséante pour un seigneur, répliqua-t-il, fors de ne point faire ce qu'il a en volonté. Quant à ma dame, il n'est mie besoin qu'elle soit fille de noble pour trouver partout honneur et respect, il suffit que je l'aie choisie.

« Comme il ne pouvait l'épouser incontinent, au milieu de la prairie, sans clerc pour stipuler le douaire et sans chapelain pour consacrer les épousailles, il laissa la belle fille sourire à son image dans le flot clair, et rejoignit ses compagnons.

« Tant que dura la chasse, ce visage d'aurore flotta devant ses yeux, il le revit pendant le long repas du soir et pendant sa nuit d'insomnie. Il ne songeait pourtant pas à forcer la bergère, tant sa beauté lui avait attendri le cœur.

« Le lendemain, il s'en alla seul, en habit d'apparat, errer par les prairies dans l'espoir d'y rencontrer encore la belle fille. Il la vit de loin qui gardait ses troupeaux, mais il ne put lui parler, car au seul bruit des fers du cheval sonnant sur les pierres du chemin, elle s'était hâtée de rassembler ses moutons et de rentrer au village.

« Il ressentit un grand dépit de la conduite de cette vassale et se jura par les serments les plus abominables qu'il put imaginer, qu'il la ferait conduire en son château ou qu'il l'y conduirait lui même.

« Il fut ensuite longtemps sans la voir, ce qui le remplit d'ennui.

« Il fit, pour se distraire, une expédition contre Montaigut-le-Blanc et fut repoussé avec perte, ce qui ne diminua pas son souci ; il fit pendre un vieillard qui avait oublié de saluer en passant devant le château, il fit crever les yeux à une femme qui l'avait, disait-il, regardé insolemment, il fit arracher la langue à des enfants qui avaient chanté une chanson dans laquelle ils se moquaient d'un homme qui portait son nom ; rien ne put lui rendre la sérénité, il ne pouvait oublier la belle fille, elle était dans tous ses rêves, au fond de toutes ses pensées.

« Un jour qu'il allait par le pays, dolent et courroucé, il vit des moutons qui paissaient, sous la garde d'une bergère dont il ne distinguait que les cheveux dorés, le cou blanc, les épaules rondes et la taille élancée, mais qu'il reconnut cependant. Il mit son cheval au galop pour rejoindre la belle fille avant qu'elle eût le temps de s'éloigner.

« Le cheval n'avait pas traversé la moitié de la prairie que la belle fille s'était retournée et qu'elle avait aussi reconnu le seigneur.

« Elle pensa que si elle s'attardait à réunir son troupeau, le seigneur ne manquerait pas de l'atteindre. Il l'emmènerait dans son château et alors, qu'arriverait-il de la pauvre fille prisonnière ?

« Elle se mit, avec son troupeau, sous la protection de Notre-Dame et s'enfuit si légère que les brins d'herbe les plus déliés ne se courbaient pas sous son pied, et que le cheval du seigneur parvenait à peine à diminuer la distance qui était entre eux.

« Dans sa fuite affolée, elle n'avait pas réfléchi qu'elle courait droit sur la Dent-du-Marais. Le seigneur l'avait bien vu et il comptait se saisir de la belle fille quand elle serait arrivée au bord de cette roche qui s'élève comme une haute muraille.

« Elle y était déjà ; un pas de plus et elle serait tombée dans le vide. Elle s'arrêta court et regarda derrière elle, pour voir si le seigneur était encore bien loin. Il était assez près pour qu'il pût entendre sa voix.

— Monseigneur, cria-t-elle, n'approchez pas d'avantage ou je jure que je me jette au bas de ce rocher.

« Le seigneur ne répondit que par un ricanement, et il enfonça ses éperons dans les flancs de son cheval.

« La belle fille était demeurée immobile, regardant le cheval et le cavalier qui se précipitaient vers elle avec l'impétuosité d'un tourbillon, elle les laissa venir si près que le seigneur aurait pu la toucher en étendant le bras. Alors, elle rassembla ses forces et bondit dans le précipice. Emporté par son élan, le cheval alla s'abattre sur la route, écrasant son cavalier sous lui. Quant à la belle fille, elle était saine et sauve, au milieu de son troupeau que son chien avait amené à l'endroit où elle était tombée.

« La mort du seigneur fit beaucoup de bruit dans le pays, mais le salut de la jeune fille en fit encore davantage.

« Elle raconta si souvent son aventure, elle s'y donna un si beau rôle et de si sages propos, qu'elle en vint à affirmer que si elle ne s'était pas tuée en sautant du haut de la Dent-du-Marais, c'était parce qu'elle s'y était bien prise et qu'elle avait beaucoup de souplesse. Elle proposa même aux bergères et aux bergers de recommencer devant eux.

« On prit jour pour la voir faire et par un jour de dimanche, la belle fille sauta dans la prairie, du haut de la Dent-du-Marais, en présence de toute la jeunesse du voisinage. Cette fois là, ce n'était plus par honnêteté, c'était par vanité qu'elle exposait ses

jours, et elle en fut punie ; les bergers accourus au pied du rocher ne trouvèrent qu'un cadavre. »

La vieille reprit son geste de Boudha et regardant Raoul avec un rayon de malice au fond de ses yeux gris, elle dit d'un ton sentencieux : « La jeunesse est présomptueuse, elle attribue trop souvent à son propre mérite ce qui peut lui arriver d'heureux : que l'histoire de la belle fille lui serve de leçon. »

Elle fit sa courte révérence, ramassa ses photographies ses notices, et disparut sous les pins.

Monterons-nous, ne monterons-nous pas ? On trouve parfois de telles déceptions au milieu des ruines. Bah ! Montons toujours, nous verrons bien.

Murol ne dut être d'abord qu'une forteresse, un de ces donjons dans lesquels se retiraient les farouches seigneurs du moyen âge, car sa grosse tour, encore debout, est antérieure au xiv° siècle et le château heptagonal avec ses arêtes en pierre de taille qui se détachent si élégamment sur la masse noire des murailles, ses tourelles aujourd'hui détruites, mais dont la place est marquée par les encorbellements qui les supportaient, datent du xiv° et du xv° siècle. Le petit bâtiment de trachyte rose qui est accolé à l'une des façades et qu'on appelle l'appartement de la châtelaine, est de pur style Louis XIV. Il fut sans doute édifié par Joachim d'Estaing, dont on voit, en plusieurs endroits, les armes accolées à celles des Murol.

Le rempart qui affecte la forme d'un demi-heptagone, s'élève à trente mètres environ du pied de la pyramide basaltique sur laquelle est assis le château. Il portait sept tours en forme de D placées aux angles du polygone et qui se regardaient deux à deux, par leur face plane.

On pénètre dans l'enceinte par une ancienne poterne, la porte d'entrée étant écroulée. En circulant à travers les décombres, on reconnaît l'emplacement de la chapelle, du parterre, du fournil, et l'on distingue, dans le petit palais du xvii° siècle, des restes de décoration qui indiquent un grand luxe bien que l'exécution des peintures soit assez naïve.

Un escalier de pierre, ménagé dans l'épaisseur du mur, conduit à la plate-forme du donjon. On voit en passant la salle des gardes, longue de treize mètres et prenant jour sur la cour intérieure par de grandes baies en arcade, puis un chemin de ronde à parapets garnis de machicoulis, qui aboutit à une guérite de sentinelle.

Au premier étage, nous avons remarqué un plancher d'aspect moderne. Il a été posé pour faciliter les ébats des jeunes gens de Murol qui se réunissaient au château les jours de fête, pour danser la bourrée au son du fifre et du tambourin.

Le vieux monsieur, qui a déjà feuilleté sa brochure, retrouve dans ces bals un vestige du « bon dîner, honnête et suffisant » institué par Guillaume de Murol, en son testament, pour les gens de Murol, de Saint-Victor et de Chambon.

Nous n'y voyons pas d'impossibilité, aussi reprenons-nous, sans discussion, l'ascension de l'étroit escalier de pierre.

Au bout du quatrième étage, nous débouchons sur la plate-forme pavée qui a vraisemblablement sauvé la grosse tour de la destruction en protégeant sa voûte supérieure des infiltrations de la pluie.

Du haut du rocher isolé sur lequel repose le château, on embrasse une région couverte de volcans éteints ; les uns, revêtus d'un manteau de forêts, les autres couverts de longues traînées de cendres rouges ou noires. Les points les plus saillants de ce paysage tourmenté sont : le lac Chambon, qui chatoie tout moiré de lumière au milieu de sa ceinture de laves, le Saut-de-la-Pucelle, le Tartaret, l'entrée de la gorge de Chaudefour, de l'autre côté apparaissent Saint-Nectaire, indiqué par son église dont la flèche aiguë s'élance vers les nuées, et le Puy-de-Châteauneuf couronné de ruines.

Vers le sommet de ce puy, on aperçoit trois grandes ouvertures. Elles servent d'entrée à des excavations qui ont été habitées on ne sait au juste quand, ni par qui.

— Par des troglodytes, peut-être, suggère le vieux monsieur.

— C'est assez probable, puisque troglodyte signifie habitant des cavernes, répond le professeur.

— Oui, oui, oui ! c'est très juste, habitant des cavernes, je vous ai donné là une belle occasion de vous égayer à mes dépens, cher maître ! Oui, oui, oui ! et vous en avez profité, c'est très bien fait. Suivant vous, qui pouvaient être ceux qui ont vécu là.

— Suivant moi ? mais je ne sais, les opinions sont plus que partagées. Ce seraient des anachorètes ou bien les bûcherons qui ont aidé à détruire les belles forêts qui couvraient le pays, à moins que ce ne fussent de pauvres colons réfugiés là au xe ou au xie siècle, ou bien encore les derniers druides fuyant la persécution des Romains. Cette dernière opinion est fondée sur le nombre de monuments druidiques qu'on voit dans les environs.

Le professeur nous fit remarquer, près de l'ancienne route qui passe par Sanchat, un certain nombre de petits mamelons très rapprochés les uns des autres et nous dit qu'on attribue ces boursouflements du sol à l'action des vapeurs, parvenues à se dégager après avoir été comprimées sous les laves liquides.

Rien ne nous retenait plus à Murol, nous descendîmes pour

regagner l'hôtel où nous trouvâmes Mmes d'Esteil et Cara dans les bras du sommeil.

Après avoir réveillé les dormeuses et payé les innombrables bouteilles de limonade que nous avions absorbées en arrivant, nous nous remîmes en marche du côté de Saint-Nectaire, par la route neuve, plus courte mais peut-être moins pittoresque que l'autre. Dans les prairies qui dépendent du petit village de Boissières, des troupeaux de vaches paissent sous la garde de jeunes demoiselles habillées à la mode de Paris, coiffées de chapeaux Niniche qui viennent en droite ligne du Bon-Marché, à moins que ce ne soit des grands magasins du Louvre. Ces vachères-demoiselles apprennent aux échos d'alentour qu'en r'venant de Suresnes (air trop connu), elles avaient leur pompon.

La civilisation a pénétré dans ces vertes campagnes, bien que le chemin de fer ne le sillonne pas encore.

Après Boissières, la route devient très intéressante ; tantôt encaissée entre des parois de granit, tantôt bordée de blocs bouleversés comme par un chaos, entre lesquels poussent des pins rabougris et de grands genévriers, tantôt courant dans la verdure, côte à côte avec une rivière paisible.

A un brusque détour, nous apercevons tout à coup, les premières maisons de Saint-Nectaire et sa belle église romane bâtie en haut d'une roche élevée. Bientôt après, l'hôtel du Mont-Cornadore s'offre à nos yeux avec ses vastes bâtiments, sa cour ornée de lauriers-roses, son établissement thermal, ses jardins, son parc qui s'étage sur le mont dont il porte le nom, tout cela d'aspect très invitant. Nous n'allons pas plus loin, et nous faisons bien, car le seul regret que nous ayons conçu de notre court séjour, est celui de n'avoir pas pu nous arrêter davantage.

Saint-Nectaire a trois industries : les eaux, les incrustations et la fabrication d'un fromage excellent. Il a, comme monuments, son église et ses dolmens, comme curiosités, les ruines des piscines romaines, celles d'un château construit à la même époque que l'église, les grottes de Châteauneuf et les grottes à incrustations. Ces dernières sont en décadence, la plupart sont à vendre ou à louer.

Celles que nous visitons sont plus intéressantes que Sainte-Allyre, en ce sens que la nature y apparaît toute nue. La substance qu'elles déposent est de l'aragonite.

Entre Saint-Nectaire-le-Haut, ex-Cornadore et Saint-Nectaire-le-Bas, nous pénétrons dans une étroite grotte où nous admirons une riche décoration polychrome faite des mains de la seule nature avec une aragonite blanche et soyeuse, des lichens brunâtres et des mousses de tous les tons de vert, depuis le céladon le plus tendre jusqu'à celui du velours le plus sombre. Un peu plus loin, nous gravissons un talus pour voir de près un dolmen qui passe pour le plus beau du Puy-de-Dôme. La table soutenue par trois blocs, a près de quatre mètres de longueur sur un peu plus de deux mètres de largeur et soixante-dix centimètres d'épaisseur. Des blocs de même nature sont épars alentour, on dit dans le pays qu'il y avait là une allée couverte.

St-Nectaire-le-Bas déroule aux deux côtés de la route ses bains, ses hôtels, ses boutiques d'incrustations, le tout sans grand intérêt.

Un peu plus loin, nous traversons le Frédet pour rentrer dans la vallée de la Couze et nous arrivons bientôt à Saillans, ainsi

Pont et Cascade de Saillans

nommé parce que la Couze y saille, c'est-à-dire y saute d'une hauteur de sept mètres.

Brisée par les arêtes de grossiers prismes de lave, l'eau s'éparpille en goutelettes irisées, en légers flocons qui vont se réunir dans un bassin semi-circulaire envahi par les mousses, les scolopendres, les callitriches, les renoncules aquatiques et les capillaires.

Les voitures de Saint-Nectaire nous attendent déjà à l'entrée du pont, du haut duquel nous regardons la chute ; nous les laissons aller à vide jusqu'à Montaigut-le-Blanc afin de voir plus à notre aise le petit menhir qui est encore debout un peu après Saillans, le site curieux de Verrières, surtout sa Roche longue, haute pyramide de lave scoriacée qui s'élève non loin du pont par lequel le village est relié à la route.

Le vallon, déjà étroit, se resserre encore à partir de Verrière, bizarrement bordé à gauche de rochers qui figurent tantôt les contreforts parallèles d'une gigantesque construction, tantôt des pans de muraille ou des blocs dispersés au hasard. Ce sont autant de dikes produits par des éruptions locales et qui se rattachent sans doute au même filon. C'est à peine si la haute tour du Rognon se distingue des rochers qui l'entourent, sur la crête du coteau ; enfin, Montaigut-le-Blanc apparaît avec le donjon de son château fort encore debout et ses maisons irrégulièrement plantées sur la pente abrupte où elles ont l'air de courir l'une après l'autre, à qui arrivera le plus vite en haut.

Il faut absolument que nous montions en voiture si nous voulons arriver à Coudes à temps pour prendre le train d'Arvant. Nous nous y résignons à contre-cœur, car nous ne verrons que de loin le menhir de Champeix, un menhir en arkose, cette roche métamorphique née de la modification des grès par suite de leur contact avec les granits.

Le vieux monsieur a soin de monter dans une autre voiture que moi ; il me fuit depuis que j'ai cherché à provoquer ses confidences au sujet de Jacques Savenay, tandis que nous suivions l'unique rue de Saint-Nectaire-le-Bas. Il a peur que je revienne à la charge, sans doute.

Pourquoi faire ? Pour qu'il prenne encore une physionomie ahurie et qu'il me réponde de nouveau :

— Ah ! mon Dieu, si j'avais su, mais qui pouvait se douter de cela ; je vous en prie, mon cher monsieur, par tout ce que vous avez de plus sacré, pas un mot de Jacques ! Oui, oui, oui ! j'ai fait une belle sottise, mais qui pouvait se douter d'une chose pareille?

Cette histoire de Jacques Savenay devient plus énigmatique que le plus noir des mélodrames. Si j'interrogeais André? Bah ! les affaires de sa famille ne me regardent pas et c'est probablement ce qu'il me répondrait sous une forme polie.

Champeix est passé : adieu les aspects sombres ou bizarres de la nature, les pays brûlés, les roches dénudées, les campagnes désertes, les châteaux ruinés, mornes sentinelles du passé restées debout pour nous crier le néant des choses humaines. De Champeix à Coudes, ce ne sont que riantes vallées, habitations luxueuses, vergers plantureux et riches vignobles.

A Coudes, le vieux monsieur déplore l'impossibilité où nous nous trouvons d'aller voir les restes du temple de Diane, les substructions nombreuses, inscriptions tumulaires, etc., mais le chemin de fer n'attend personne, pas même les amateurs d'archéologie.

Encore un mystère : Suzanne et sa sœur se sont séparées avec froideur.

— Amuse-toi bien, a dit Marie.

— Repose-toi bien, a répondu Suzanne.

Les caresses au vieil oncle ont recommencé, comme à notre arrivée, mais combien tristes, cette fois. Il faut se séparer ; M. Deschamps retourne à Clermont et il emmène sa femme, naturellement.

Mme d'Esteil s'en va aussi, et Cara, et les derniers Clermontois et la majeure partie des Parisiens, si bien que nous restons six comme à notre départ de Paris. Sept, en comptant Roger que Mme d'Esteil recommande à sa jolie Suzanne comme un bambin de trois ans.

J'étais curieux de savoir pourquoi les deux sœurs étaient fâchées, je fus plus heureux de ce côté que je ne l'avais été en interrogeant le vieux monsieur. Roger me raconta que Suzanne avait refusé de suivre sa sœur à Clermont parce que son oncle ne pouvait se passer de ses services comme secrétaire et qu'elle ne pouvait quitter Raoul, ayant promis à sa mère de veiller sur lui.

— Je suis joliment content qu'elle soit restée, ajouta Roger, parce que sans cela maman m'aurait emmené.

Je ne sais pourquoi je m'imaginai que Roger n'était pas seul à se féliciter que Suzanne ne nous eût pas quittés ; le vieil oncle d'abord, qui souriait en la voyant sourire pendant qu'elle causait avec le vieux monsieur et Savenay, et puis... nous tous, au fait, car Mlle Pagès était réellement charmante.

Quand nous passons à Issoire, l'ombre du soir envahit déjà l'horizon, c'est à peine si nous distinguons dans la brume, une tache plus sombre qui est l'église.

Les conversations ont cessé, chacun s'est installé commodément pour dormir s'il peut ; tout à coup, des aigrettes de flammes qui jaillissent aux deux côtés de la voie, nous arrachent à notre sommeil ou à nos rêveries.

Nous avons beau sonder la nuit noire d'un regard attentif, nous ne voyons que les flammes ondoyantes ; cependant, nous distinguons plus près, des bâtiments étranges avec des toits bas d'où s'élancent de hautes cheminées couronnées de feu : nous sommes à Brassac, centre d'un bassin houiller, les flammes que nous apercevons sont celles des mines de houille et des fonderies de cuivre.

A Arvant, un jeune garçon nous demande à quel hôtel nous nous rendons. Nous n'en savons rien. Le questionneur nous en indique un et s'offre pour nous y conduire.

Il devait bien le connaître puisque c'était celui de son père ; il aurait dû nous prévenir que l'installation laissait quelque chose à désirer.

Pour comble de malheur, c'était la fête du pays ; sous nos fenêtres, le bal allait son train à la lueur de deux lampes fumeuses.

Les filles, habillées comme les vachères-demoiselles de Boissières, coiffées avec des frisons sur le front, se donnaient des airs au bras de leurs cavaliers en blouses blanches. Et ce n'était ni la bourrée, ni la montagnarde qu'elles dansaient, c'était la valse, la polka et les quadrilles rythmés par un affreux cornet à piston de guinguette.

Après le bruit du bal, ce fut le remue-ménage de l'hôtel qu'on s'efforçait de mettre en ordre, puis le chant des coqs à l'aurore, et il fallut se lever, sans avoir dormi, afin de prendre le premier train pour Murat.

Le Puy Griou et le Puy Mary, vus du côté de la Cère

CHAPITRE VII

Malgré l'ardente passion qu'il affectait pour la géologie, M. Savenay se sépara de nous à Murat, aussitôt qu'un train put l'emporter vers Paris. Il ne prit pas même le temps de monter jusqu'à Bonnevie pour admirer de près les hautes colonnes basaltiques connues sous le nom d'Orgues de Murat, ni de dire un mot à personne, sauf à son ami, le vieux monsieur, qui l'avait introduit parmi nous.

Mlle Suzanne s'aperçut d'autant moins facilement de son absence, pendant notre longue promenade, que nous avions été reçus, au débarqué, par une réunion fort nombreuse d'excursionnistes tant de Paris que du Cantal ; mais elle ne put réprimer un geste de surprise inquiète, lorsqu'elle ne le vit pas s'asseoir avec nous, à la table du souper.

Le vieux monsieur lui offrit une chaise à côté de lui, et, quand elle fut assise, il lui dit tout bas quelques mots qui la firent rougir beaucoup et pâlir ensuite davantage.

Elle reprit bientôt son sang-froid ; son émotion avait été si passagère que personne n'y avait pris garde ; il est juste d'ajouter que nous avions beaucoup marché, qu'il était tard et que si ventre affamé n'a pas d'oreilles, il n'a pas la vue plus nette que l'ouïe.

Après souper, je montai dans ma chambre pour mettre mes notes en ordre.

Tandis que je faisais les croquis des dikes de la vallée de la Couze, des chapiteaux du Cantal, de la butte de Bonnevie et de celle de Chastel, je voyais flotter entre moi et mon papier, un doux visage pâle éclairé de deux grands yeux d'où jaillissaient des éclairs bleus ; tandis que je cherchais à retrouver ce que le professeur nous avait dit à propos des dépôts volcaniques anciens, une même idée frappait à tout moment mon cerveau comme les coups de cloches réguliers d'un glas : — Il s'agit de Jacques, il s'agit de Jacques, il s'agit de Jacques.

Je finis par m'irriter de cette curiosité dont je me sentais pris pour des choses qui ne me regardaient pas et des personnes qui m'étaient indifférentes, je fis un si grand effort de volonté que le fantôme aux yeux d'azur s'envola et que le glas cessa de tinter. Je pus alors reprendre mes notes et les transcrire avec figures en marge, comme il sied.

D'Arvant à Murat. — nombreux tunnels et nombreuses tranchées, cependant la route est intéressante et pittoresque. Ce n'est plus la montagne morte que nous avons vue jusqu'ici en Auvergne ; l'homme s'en est emparé et l'a rendue vivante ; les pâturages succèdent aux cultures, les forêts aux pâturages, l'avoine bleuâtre et l'orge blonde ondulent partout où le semeur a eu assez de place pour poser les deux pieds. Au sifflet affairé de la locomotive qui passe, répondent les sonnettes des troupeaux, le bruit de la faux dans l'herbe, le grelot des chevaux sur la route, la mélopée que le bouvier chante à ses bêtes pour soutenir leur courage.

A partir de la station de Massiac, la montagne prend un aspect tout particulier ; il n'est pour ainsi dire pas une hauteur qui ne soit couronnée d'une corniche de basalte, supportée par des colonnes plus ou moins élevées, et portant souvent elle-même un château, une tour, une église à demi-ruinée.

Ces chapiteaux, qui se montrent tous à peu près à la même hauteur, doivent avoir fait partie d'une même nappe, rongée et disloquée par des causes diverses.

De temps en temps, nous voyons de grandes excavations, ce sont des entrées de cavernes autrefois habitées.

Murat. — Je cherche en vain la ville qu'on m'a décrite, toute noire, suant l'ennui, avec des rues si raides qu'elles paraissent verticales lorsqu'on les regarde d'en haut. Cette description peu flattée, m'avait été faite par un de mes amis, parisien parisiennant, à qui on avait joué le mauvais tour de le nommer sous-préfet dans cette petite ville de quatre mille âmes.

Il est certain qu'on ne peut se promener à Murat sans monter continuellement à moins qu'on ne descende, mais la pente des rues n'est pas plus forte que dans les autres villes étagées sur une montagne ; le basalte noir et fin, dont les hexagones réguliers sont enchâssés dans un mortier blanc, donne de l'aspect aux plus pauvres masures, la campagne environnante est très belle, les prairies que baigne l'Alagnon très animées; somme toute, je trouve Murat plutôt plaisant que déplaisant. Il est vrai que je préfère les champs et les bois au boulevard, que je ne suis pas sous-préfet et qu'en conséquence je puis m'en aller quand il me plaira.

La ville est bientôt visitée. L'hôtel de ville, nouvellement édifié,

Maison Renaissance à Murat

est une grande bâtisse grise, de ce style sans style, si en vogue aujourd'hui qu'on l'applique à tout : casernes, écoles, hôpitaux, maisons de riches particuliers, c'est toujours pareil, à peu de chose près. En revanche, une jolie fontaine et beaucoup de maisons avec tourelles, auvents, fenêtres à meneaux, méritent qu'on s'arrête pour les regarder.

L'église est du xvi᷊ siècle comme ces logis élégants; elle est sous l'invocation de Notre-Dame-des-Oliviers, une vierge noire donnée par saint Louis. Roger a fait un croquis assez réussi de son portail engagé dans les constructions voisines au-dessus desquelles s'élève le clocher carré, surmonté d'un toit à arêtes gracieusement courbées.

Il est tout changé, ce petit Roger, depuis qu'il ne s'entend plus dire, de trois en trois minutes : Retiens cela Roger, ou bien : prends donc un peu Cara. Sa nonchalance est envolée, le voici devenu rieur, causeur, actif, presque turbulent, il est tout heureux de s'appartenir pour la première fois de sa vie.

Je reviens à mes notes. Murat est bâti au pied de la montagne de Bonnevie, haute butte conique composée de basalte d'un côté, celui qui regarde la ville, et de conglomérat trachytique de l'autre.

On a placé sur le faîte une statue colossale de la Vierge.

Le basalte de Bonnevie s'élance dans la partie moyenne de la montagne, en minces colonnettes verticales dont la hauteur varie de cinq à trente mètres, et qui peuvent être isolées sur place pour être employées en guise de poteaux. Pour expliquer la forme polygonale qu'a prise le basalte au retrait, il faut admettre, nous dit M. Pagès, que l'axe de chacune de ces colonnes a été parcouru par un centre d'attraction partant de la surface refroidissante. Ce qui le prouve, c'est que les prismes basaltiques sont toujours perpendiculaires à cette surface, c'est-à-dire verticaux sur un sol horizontal, en éventail ou en gerbe sur un sol convexe, horizontaux dans les pentes. Il ajoute qu'un refroidissement lent, étant nécessaire à cette transformation, ce phénomène ne peut se produire que dans la partie intermédiaire d'une coulée lavique, dont la partie supérieure exposée à l'air et agitée par le développement des gaz, se refroidit comme on sait très rapidement.

Pour monter au faîte de Bonnevie, nous contournons la montagne, moins abrupte par derrière que du côté de la ville. Du sommet, en tournant le dos à Murat, nous apercevons à droite, une butte basaltique fort étrange, et nous croyons voir des entrées de cavernes au-dessous du chapiteau qui la fait ressembler à un gigantesque champignon. Nous nous hâtons de descendre de Bonnevie pour aller voir de près la singulière montagne.

Elle paraît s'éloigner, à mesure que nous approchons, et disparaît tout à coup, derrière des éminences moins hautes, mais plus rapprochées. Nous avançons au juger, et nous arrivons enfin à des prairies, desquelles nous revoyons notre butte qui ressemble maintenant à un bouquet de feu d'artifice.

Les prétendues entrées de grottes n'étaient autre chose que l'ombre projetée par le jaillissement de la gerbe. Les basaltes s'échevèlent en tout sens, les uns verticaux, d'autres obliques suivant des obliquités diverses, d'autres horizontaux et figurant des tronçons d'escalier. Un petit hameau est blotti à mi-côte ; une femme à qui nous demandons s'il existe un chemin pour monter jusqu'en haut, se lève aussitôt et se met à marcher devant nous sans quitter son tricot, suivie d'un marmot qui la tient par sa jupe. Elle nous mène jusqu'à une croix à partir de laquelle nous ne pouvons plus nous tromper. La route que nous suivons est celle du petit cimetière où les habitants du hameau de Chastel vont dormir leur dernier sommeil.

L'hiver, quand les champs sont ensevelis sous la neige ou que le verglas rend les chemins glissants, les morts doivent attendre.

Notre conductrice se plaint tristement de l'impossibilité d'avoir un cimetière plus accessible. A côté du modeste enclos, s'élève une chapelle non moins modeste, dédiée à saint Antoine. Un double escalier extérieur, à cheval pour ainsi dire, sur la construction, permet d'arriver aux cloches qu'on sonne, comme en certains endroits de la Savoie, en les frappant avec un marteau.

Le professeur profite de la halte que nous faisons en haut de la butte de Chastel pour résumer, en peu de mots, ce qui a trait aux roches volcaniques anciennes : trachytes, phonolithes et basaltes.

Il nous montre ces derniers disséminés en filons encaissés ou découverts, comme les dikes de Saint-Nectaire, en buttes comme Bonnevie, en nappes quelquefois considérables, comme la Planèze que nous traverserons pour aller à Saint-Flour, et celle que le mouvement des eaux a transformée en chapiteaux séparés, le long de la vallée de l'Alagnon ; il nous dit leurs puissantes coulées qui ont laissé des dépôts disloqués ou cheires sur les pentes faibles, des nappes sur un sol horizontal, des fragments scoriacés sur les pentes rapides, et le lent refroidissement auquel ils doivent, lorsqu'ils s'écoulent en nappe, leurs formes élégantes et leur structure compacte.

Il parle ensuite des trachytes, plus variés, plus poreux, âpres au toucher, apparaissant sous les mêmes formes que le basalte, mais donnant de plus naissance à de hautes montagnes isolées comme le Puy-de-Dôme, et à de puissants massifs tels que le Mont-Dore et le Cantal.

Il termine par les phonolithes qui sont beaucoup plus rares et qui présentent parfois l'aspect de l'une ou de l'autre des roches précédentes, dont ils sont pourtant faciles à distinguer, puisqu'ils diffèrent du trachyte en ce que les acides les attaquent, et du basalte en ce qu'il se divisent généralement en plaques plus ou moins épaisses, appelées *lauzes* et que leurs colonnes sont toujours contournées ou convergentes, jamais droites. Dans le Mont-Dore, le phonolithe se présente en buttes, ainsi que nous en avons eu des exemples dans la roche Tuilière, et dans la Sanadoire ; dans le Cantal, nous le trouverons en filons presque partout, et en butte dans le cratère central.

Le lendemain, journée un peu vide ; nous attendons plusieurs notabilités géologiques du Cantal, pour nous mettre sérieusement en campagne. Chacun flâne à sa guise de ci, de là ; seul le petit groupe de fidèles que le professeur a amené de Paris, reste massé autour de son chef.

La matinée est employée à examiner le chasse-neige et la puissante locomotive qui le manœuvre en hiver, pour déblayer la voie dans la montée du Lioran. Le chef de gare nous dit que la localité est riche en hoplies ; il nous montre, en effet, une boîte pleine de ces jolis coléoptères aux élytres bleu clair glacé d'argent, qu'il a recueillis la veille, dans les prairies. Il pousse l'amabilité jusqu'à nous permettre de traverser son jardin pour monter au Bredon.

La chapelle très riche, dit-on, est fermée, le curé est en course, impossible d'entrer. Reste le cimetière qu'on nous a donné comme digne d'être visité.

C'est toujours le même enclos abandonné, mais sans tristesse, qu'on voit dans les pays rudes où le labeur incessant laisse peu de place à la sentimentalité. Plusieurs sarcophages gallo-romains, privés de leur couvercle, y servent de pierres tumulaires ; cercueils béants où la forme du corps est inscrite, abritant un cercueil.

A Murat, nous ne rencontrons que des gens aimables ; le matin c'était le chef de gare, l'après-midi c'est le beau-frère du propriétaire de l'hôtel avec qui nous avons fait connaissance, en wagon, en venant d'Arvant.

Il nous offre — nous, c'est le petit groupe inséparable — une promenade en voiture que nous acceptons. Les deux landaus qui nous emportent, suivent la route du Lioran ; à gauche, l'Alagnon serpente dans des prairies où de nombreux chevaux paissent en liberté, au dessus, à mi-côte, court le chemin de fer qui mène à Aurillac. A droite, la pente des montagnes tantôt rocheuses tantôt couvertes de forêts, vient mourir au bord du chemin. Nous dépassons Auterroche, château flanqué de tourelles, orné de créneaux et machicoulis, si blanc au milieu des sombres sapins, que nous l'avions pris, de loin, pour une construction moderne. Nous allons jusqu'à Lavayssière où la route franchit l'Alagnon.

Nous avons remarqué, à l'entrée du village, une haute roche dressée, dont l'allure rappelle celle des menhirs.

C'est une butte volcanique à laquelle est adossée une maison dont la toiture est en partie formée par la roche qu'on a creusée.

L'ameublement n'est pas moins curieux que l'habitation ; il se compose de hautes armoires de noyer ciré qui occupent deux des parois de la chambre.

Sur le côté qui fait face à la porte, les armoires sont ouvertes, elles renferment deux lits étroits, accolés par les pieds, devant lesquels se drapent des rideaux d'une ancienne étoffe à fleurs roses. Ils sont si haut perchés, que pour y atteindre, il faut monter sur le large banc de noyer placé devant, et qui fait corps avec l'armoire.

Encore une personne aimable la propriétaire de cette maison, qui nous invite à la visiter en détail, et insiste pour nous faire accepter des rafraîchissements.

Il semble que la sociabilité des hommes se soit développée parallèlement à leur industrie. L'habitant du Mont-Dore, cantonné chez lui, ne croit pas devoir se mettre en frais pour les visiteurs obligés, qui viennent demander la santé aux sources dont l'exploitation est sa seule industrie ; le Cantalien, cultivateur, éleveur, fabricant, a besoin de débouchés, il se mêle à ses semblables et acquiert l'affabilité en même temps que le savoir-faire.

En revenant, nous nous arrêtons à la mine de lignite que nous avions vue sur notre gauche à l'aller. C'est une de ces exploitations primitives dans lesquelles on pénètre par une longue galerie de plain-pied, elle est d'un faible rendement. — Le lignite, bois fossile, fausse houille, jayet, est constitué, comme on sait, par des amas de matières végétales, très altérées, dans lesquelles on reconnaît souvent les fibres et les couches du bois. Il brûle avec flamme et fumée. On le rencontre à tous les étages du terrain secondaire et du terrain tertiaire.

Malgré ses efforts pour dissimuler sa préoccupation, Suzanne était distraite et triste. Le vieux monsieur l'entourait de prévenances, d'égards, de petits soins, comme s'il eût connu sa peine secrète et qu'il eût voulu l'adoucir.

— Rien pour moi, dit-il en mettant pied à terre à Murat?

— Si, monsieur, un télégramme.

Il prit le petit papier bleu, échangea un regard rapide avec Suzanne et monta bien vite chez lui.

Nous ne le revîmes qu'à table où il parla peu, mangea moins encore et garda une contenance triste qui ne lui était pas habituelle.

Suzanne l'épiait anxieusement du coin de l'œil, attendant toujours une communication qui ne venait point.

Vers la fin du souper, le vieux monsieur redevint loquace; il se mit à parler de la beauté de la soirée, de la tiédeur de l'air, du charme d'une promenade au bord de l'eau, à l'heure indécise du crépuscule et se tournant vers Suzanne :

— En vérité, chère mademoiselle, si un compagnon de mon âge n'était fait pour effaroucher les rêveries poétiques, je prendrais la liberté de vous offrir mon bras pour faire un tour, là-bas du côté du pont.

Suzanne s'efforça de parler d'un ton dégagé, en répondant qu'un compagnon comme le vieux monsieur, était de ceux qu'on suit toujours avec plaisir, et nous les vîmes bientôt s'éloigner à pas lents.

Ils s'arrêtèrent sur le pont, penchés sur le parapet, comme si le jeu capricieux des flots attirait seul leur attention.

— J'ai des nouvelles, dit le vieux monsieur.

— D'André?

— Oui, et aussi d'un autre. Ne vous troublez pas, ma chère enfant, André nous rejoindra bientôt, il vous donnera tous les détails, ne vous troublez pas, je vous en prie ! Tout ce que je puis vous dire, c'est qu'il a été digne de vous jusqu'à la fin.

Elle le regarda fixement, cherchant à comprendre le sens des paroles qu'il venait de prononcer, elle répéta tout bas :

— André nous rejoindra bientôt, il me donnera tous les détails, quels détails? Puis avec un grand cri. Ah ! Jacques est mort.

Elle chancela et serait tombée si le vieux monsieur ne l'eût retenue. Figurez-vous l'embarras du pauvre homme, seul sur une grande route, à la nuit tombante, avec une femme évanouie dans les bras. Il m'aperçut de loin et m'appela avec de grands gestes effarés de télégraphe.

Quand nous eûmes reconduit la jeune fille chez elle, il me pria de le suivre dans sa chambre.

— Vous en savez trop maintenant, mon cher monsieur, me dit-il, pour ignorer le reste, asseyez-vous et veuillez m'écouter. Je vous dirai d'abord que je n'ai pas connu Jacques Savenay, ce que je sais de sa vie m'a été confié tout récemment par André.

Jacques était le fils de ce docteur Savenay dont les travaux, la mort subite et la ruine, ont fait tant de bruit il y a quelques années.

C'est dur, pour un garçon de vingt-trois ans, qui n'a jamais rien fait qu'un peu de science en amateur, de se mettre à travailler pour gagner sa vie. Jacques n'eut pas un moment d'hésitation, il entra, sur la recommandation d'un ami de son père, dans une fabrique de produits chimiques où il fut employé au laboratoire d'essais.

Le père d'André lui avait proposé de faire une pension à sa mère, il refusa, disant qu'un homme ne doit pas rejeter ses charges de famille sur les autres, ce qui est absolument juste, n'est-ce pas votre avis, cher monsieur ?

Je fis un signe d'assentiment, le vieux monsieur reprit sa narration.

— Permettez-moi de dire qu'il y avait, toutefois, un peu d'exagération dans ce refus et que l'orgueil y entrait peut-être autant que le courage. Une mauvaise éducation porte toujours ses fruits; Mᵐᵉ Savenay avait bourré l'esprit de son fils d'une foule d'idées absurdes, sous prétexte qu'elle appartenait à une famille noble de Bourgogne, les Lormel de Blaizy ; des gens, mon cher monsieur, qui m'ont tout l'air de s'appeler Lormel, tout uniment, et de s'être noblifiés en ajoutant le nom de leur village à celui de leurs aïeux ; oui, oui, oui ! Ce n'est pas rare et, du reste, n'est-ce pas là l'origine de la plupart des appellations nobiliaires ? mais je m'égare, pardon, je reviens à Jacques.

Je vous disais donc qu'une mauvaise éducation porte toujours ses fruits ; je n'en veux pour preuve que la sotte vanité par laquelle Jacques se cachait auprès des amis riches qu'il avait conservés, de ce qui fait la dignité de l'homme. Oui, monsieur, Jacques ne voulait pas laisser savoir qu'il travaillait ni qu'il

était pauvre, il était toujours aussi élégant, Dieu sait au prix de quelles privations ! il ne montrait de sa vie que ce qui pouvait dissimuler les habitudes laborieuses dont il eût été plus sage de se faire honneur. Il arriva ce qui devait arriver : la ruine de son père avait été trop éclatante pour qu'on ne connût pas sa pauvreté, ceux-là mêmes qui étaient les premiers à l'entraîner dans leurs plaisirs, furent les premiers à le blâmer de n'avoir pas complètement rompu avec son ancienne existence.

Ce Jacques était un chercheur comme son père, et il avait, paraît-il, de véritables aptitudes scientifiques. Il découvrit une matière explosible d'une puissance jusqu'alors inconnue ; les essais furent faits dans le plus grand secret, par lui et par le directeur du laboratoire de l'usine ; la maison, déjà en pourparlers avec le ministère, se croyait sûre d'une commande importante, lorsqu'une maison étrangère fit annoncer qu'elle avait traité avec son gouvernement pour la fourniture d'un fulminate de guerre qui n'était autre que celui de Jacques.

Qui avait vendu le secret à l'étranger ? Evidemment, il était absurde de supposer que c'était l'inventeur et ce fut pourtant l'idée qui vint à l'esprit de ceux qui connaissaient le fils Savenay, à Bernier lui-même, qui aurait dû, moins que tout autre, douter de celui qu'il avait fiancé à sa fille...

Je ne pus réprimer un geste, le vieux monsieur le remarqua et s'interrompit pour y répondre.

Oui, dit-il, Jacques Savenay et Suzanne Bernier, la nièce de notre éminent professeur, M. Pagès, étaient fiancés depuis l'enfance, vous commencez à comprendre maintenant.

Dès qu'il connut l'odieuse nouvelle, Bernier s'écria : c'est Jacques, et, à l'appui de sa supposition, il rappela les relations compromettantes que Jacques avait conservées, ses goûts d'élégance, sa vie extérieure peu compatible, en apparence, avec ses modestes appointements ; bref, il fit entrer sa conviction dans l'esprit du directeur de l'usine.

Ce que je ne puis comprendre, cher monsieur, c'est qu'une femme doute du fils qu'elle a mis au monde et qu'elle a élevé ; André n'est pas mon fils, cher monsieur, mais je l'aime presque autant que s'il l'était, et si quelqu'un l'accusait d'une indélicatesse, je dirais que c'est faux, que ses accusateurs en ont menti. Mme Savenay est un cœur faible, elle crut à la honte de son fils et ce fut certainement la plus grande douleur de Jacques dans le malheur qui le frappait. Elle alla jusqu'à le supplier d'avouer une faute qu'il n'avait pas commise ; André a été témoin de la scène, il me l'a racontée, ce fut atroce.

On avait vu dans cette affaire une sorte de crime de lèse-patrie, la presse s'en était emparée et lui donnait les proportions d'un scandale ; vous comprenez quelle importance le directeur de l'usine dut attacher à se disculper. Il réclamait de Jacques, une déclaration écrite que celui-ci se refusait à donner, protestant de son innocence. Ce fut alors qu'on fit agir la mère.

Certes, le pauvre garçon était loin de s'attendre à ce qui allait se passer, lorsqu'il la vit entrer, un matin chez lui, imposante et grave comme elle l'était toujours, d'une pâleur de morte que son deuil austère de veuve faisait encore ressortir.

Elle commença par l'interroger avec assez de calme, s'efforçant de provoquer sa confiance par de tendres paroles, puis elle laissa entrevoir qu'il aggravait sa situation en refusant d'envoyer aux journaux la déclaration qu'on lui demandait. Préférait-il donc se laisser poursuivre pour abus de confiance ?

Jacques lui représenta ce que les soupçons dont on le flétrissait avaient de déraisonnable ; la découverte était sienne, s'il avait voulu la vendre à l'étranger, ne pouvait-il la tenir secrète, au lieu de la communiquer au directeur. Loin de vouloir se l'approprier, il l'avait fait connaître sans rien réclamer en échange, pas même une augmentation d'appointements. Il ne comprenait pas qu'on eût songé à l'accuser.

Vous croyez que la mère se rendit à ce raisonnement ? Point du tout, cher monsieur, elle répondit que si son fils était parvenu à faire cette découverte, c'était à l'aide de moyens fournis par l'usine et tandis qu'il était salarié par elle, qu'en conséquence la découverte était au chef de l'établissement avant d'être à lui.

Une chose vraie, mon cher monsieur, avec les mœurs actuelles, mais permettez-moi de le dire, une chose qui n'est pas tout à fait conforme à la stricte justice. J'ai le droit de parler ainsi, mon cher monsieur, oui, oui, oui ! J'en ai bien le droit, car j'ai été manufacturier et jamais, croyez-le bien, jamais je n'ai profité d'un perfectionnement suggéré par un de mes employés sans l'en faire profiter aussi. Oui, oui, oui ! Comme disait le père d'André qui était aussi manufacturier à Lyon, une idée, c'est la vie d'un homme et personne n'a le droit de la lui prendre. Enfin ! passons, cela n'a pas trait directement à ce que j'étais en train de raconter.

Jusque-là, Jacques avait pu s'abuser et croire que sa mère, convaincue, au fond, de son innocence, répétait une leçon apprise, il fut bientôt détrompé, le pauvre garçon !

Mme Savenay fondit en larmes, se plaignant avec amertume de la résistance que son fils opposait à ses supplications.

—Avoue, disait-elle, je t'aime assez pour excuser ta faute,

as-tu donc perdu toute tendresse filiale que tu gardes cet endurcissement de cœur ?

Jacques la regarda avec une surprise douloureuse.

— Oh ! s'écria-t-il d'une voix déchirante, ma mère me croit coupable !

Elle s'était jetée à genoux, les mains tendues vers lui, elle le suppliait avec des sanglots.

— Mon fils, toi le seul qui me reste d'une nombreuse famille, toi que j'ai toujours préféré à mes autres enfants, je t'en conjure, par mes cheveux blancs, par la mémoire de ton père, laisse-toi fléchir, avoue ! ne vois-tu pas que je t'ai pardonné d'avance.

Jacques la releva et l'obligea de se rasseoir.

— Ma mère, dit-il, en s'efforçant de contenir l'émotion qui l'agitait, celui de nous deux qui manque de tendresse, ce n'est pas moi dont tu viens de briser le cœur par un soupçon injurieux. Je te le répète, je suis innocent ; je n'ai plus qu'un moyen de le prouver, c'est de me laisser traduire devant les tribunaux, peut-être te reprendras-tu à croire en moi lorsque tu me verras revenir absous.

Il fut en effet acquitté, après une prévention de plusieurs mois pendant laquelle sa mère avait dénoué les derniers liens qui les attachaient l'un à l'autre, en ne cessant de le supplier d'avouer une culpabilité qu'elle regardait comme certaine.

Il fut, comme je vous le disais, déclaré innocent faute de preuves, mais comme vous le savez, cher monsieur, la sentence d'un tribunal ne suffit pas pour réhabiliter un homme ; pour l'opinion publique, être accusé, c'est être coupable, Jacques fut repoussé de partout.

En vain, se présenta-t-il chez le Dr Bernier, il ne fut pas reçu ;

il ne revit pas sa fiancée et n'eut pas la consolation de savoir que, seule avec André, elle n'avait jamais douté de son honorabilité.

Il demanda lui-même au père d'André ce qu'il avait refusé précédemment : une pension pour sa mère, et se fit soldat.

Il obtint de prendre part à la campagne de Tunisie qui venait de s'ouvrir et demeura ensuite en Afrique.

Il écrivit, de son régiment, à Mlle Suzanne ; les lettres lui furent retournées avec la mention : « inconnue à l'adresse ci-contre ». Le Dr Bernier était mort, ses filles étaient parties chez leur oncle, M. Pagès, l'hôtel avait été vendu et le nouveau propriétaire ne savait rien de l'ancien.

Sous le coup de cette nouvelle douleur, Jacques fit les démarches nécessaires pour être envoyé au Tonkin où la guerre venait d'éclater. Il paraît qu'il s'est conduit en héros ! Blessé gravement, il revenait en Europe avec un congé de convalescence, lorsqu'il fut pris de la fièvre et dut s'arrêter à Saïgon où il est mort, ainsi que me l'a télégraphié ce matin André, appelé à Paris par une lettre du ministère.

Maintenant, mon cher monsieur, vous en savez aussi long que moi et je suis sûr que, comme moi, vous plaignez ce pauvre garçon, mort loin de tous les siens, et cette charmante Mlle Suzanne, si douce, si gracieuse, si bonne.

Pauvre enfant ! André m'avait dit de la préparer doucement ; il faut que j'aie été bien maladroit car, à mes premiers mots, elle a deviné la triste nouvelle.

Il me serra la main et nous nous séparâmes jusqu'au lendemain.

Quand Suzanne parut, le matin, elle était très pâle ; mais rien, dans sa contenance, ne décelait sa douleur. Elle nous accueillit comme à son ordinaire, seulement elle serra la main du vieux monsieur et m'adressa un regard reconnaissant, comme pour nous remercier de nos soins de la veille.

Ceux que nous attendions étaient arrivés ; nous nous dirigeâmes vers Aurillac.

La vue qu'on embrasse du chemin de fer est la même que de la route, je n'en dirai donc rien jusqu'à Lavayssière.

La voie ne cesse de s'élever jusqu'au Lioran, à une altitude de onze cent cinquante-neuf mètres ; sa construction a exigé un grand nombre de travaux d'art : tunnels, ponts qui franchissent des ravins escarpés, viaducs de plusieurs arches. Le train glisse lentement à travers la forêt de Murat au delà de laquelle nous ne cessons de voir s'élever la route de voitures, au pied des montagnes qui se dressent à notre droite.

A Fraysse-le-haut, nous pouvons distinguer, non loin de l'ouverture du tunnel, l'entrée d'une grotte composée, à ce qu'il paraît, de trois étages reliés par des escaliers intérieurs.

En quittant la station du Lioran, le train s'engage dans le magnifique tunnel, long d'environ deux kilomètres, qui traverse la montagne de ce nom, et par lequel on passe du bassin de la Loire dans celui de la Gironde. La descente a commencé dans le tunnel, à la sortie duquel elle s'accentue rapidement. Devant nous s'ouvre la vallée pittoresque et tourmentée de la Cère dominée à gauche par le Plomb du Cantal, à droite, par la pyramide aiguë et lépreuse du puy Griou derrière lequel on voit une autre pyramide plus petite qui est le puy Mary.

Après le pas de Compaing, les ravins succèdent aux ravins, les précipices aux escarpements, c'est la Cère qui a ainsi rongé les roches volcaniques pour se frayer passage. La vallée s'élargit peu à peu ; tout au fond, dans un éblouissement de lumière, nous apercevons la petite ville de Vic-sur-Cère, toute blanche, de l'autre côté de la route blanche, et coquettement assise sur les bords d'un ruisseau, affluent de la Cère.

Vic-sur-Cère

Nous descendons toujours : à droite et à gauche, des châteaux en ruines se montrent au faîte des montagnes ; ce sont : Pestel, Caillac, Carbonnat que ligueurs et huguenots se disputèrent jadis et que se disputent seulement aujourd'hui les corneilles et les orfraies.

Les montagnes commencent à s'abaisser, nous venons de pénétrer dans la riante vallée d'Arpajon fertilisée par la Cère, une grande plaine s'étend à l'horizon et nous entrons à Aurillac après avoir contourné le puy de Courny.

Aurillac. — Le souvenir le plus précis qui m'en soit resté c'est que nous y avons déjeûné et qu'on y fabrique de fort belle chaudronnerie de cuivre. Pourtant, c'est une vieille ville d'origine gallo-romaine et une ville vaillante qui sut conquérir de bonne heure ses franchises communales sur les abbés, ses suzerains. Ah! il y a en effet le château desdits abbés, si pittoresquement planté sur le roc Castanet. Il fut brûlé, il y a une vingtaine d'années, et vient d'être restauré pour abriter une école normale de garçons. C'est le château Saint-Étienne, où naquit saint Géraud, patron de la ville ; Roger en a fait un croquis ; c'est étonnant comme la liberté rend ce garçon actif et charmant.

A la rencontre de deux promenades plantées d'arbres, la statue en bronze du célèbre moine auvergnat Gerbert, devenu pape sous le nom de Sylvestre III, par le choix du sacré collège et la volonté du roi de France. Elle est de David d'Angers.

Quoi encore?... des maisons romanes, la maison des consuls, la chapelle du Collège, l'église Saint-Géraud, et c'est tout.

Pauvre de moi ! j'allais oublier juste ce que j'aurais dû citer en premier, en ma qualité de géologue, sur la place de l'église une fontaine dont la cuve est en serpentine. La serpentine est une roche ignée compacte comme le porphyre et toute marquée de taches sombres qui rappellent celles d'une peau de serpent. On l'emploie comme ornement.

Après déjeuner, nous prenons pour quitter la ville, le même chemin par lequel nous y sommes entrés et nous nous rendons au puy de Courny, l'un des plus curieux de la région, à cause de la netteté des différentes couches de terrain, et de la facilité avec laquelle on y peut déterminer l'époque des différentes éruptions.

Des fours à chaux ont été construits sur la montagne pour exploiter un calcaire marneux dont la blancheur, égale à celle de la craie, attire les yeux de très loin

Un membre de la Société de géologie, qui habite aux environs d'Aurillac, nous fait les honneurs de la localité. Plus modeste peut-être qu'il ne sied, le bon M. Pagès s'efface poliment devant ce monsieur qui n'a pas l'air d'être souvent à pareille fête et se donne tant qu'il peut, de la conférence.

Il dit, certes, de bonnes choses, mais il les dit très longuement et il abuse des néologismes scientifiques ainsi que des termes techniques ignorés du vulgaire, ce qui ne laisse pas de gêner un peu quelques-uns de nos compagnons.

Il parle du grand lac qui couvrait la plaine d'Aurillac, lac tranquille s'il en fut, à en juger par la parfaite « horizontalité » des couches ou strates du dépôt calcaire qui s'est formé dans son sein. Les nombreux fossiles de ce dépôt, notamment les potamides et les bithinias, le rattachent à l'époque miocène. Il supporte une nappe épaisse de basalte noir au-dessus de laquelle on voit une couche d'argiles rouges, produites par la décomposition lente du basalte sous l'action des agents extérieurs, puis une nouvelle série lacustre représentée par des sables quartzeux abondants en fossiles.

C'est au roc de Croissy qu'on rencontre ces sables si riches en débris de mammifères. Il suffit de les remuer pour y trouver des dents de dinothérium, des restes d'hipparion et jusqu'à des silex éclatés d'après lesquels on est en droit de penser que l'homme existait, en ce lieu, à l'époque du miocène supérieur. Hum !

Je pense qu'il faut dire : il suffisait, et non pas il suffit de remuer ces sables pour, etc., car nous les avons fouillés en vain.

Le vieux monsieur, que la question des races humaines intéresse au plus haut point, prend une prise préparatoire et commence déjà sa phrase ordinaire : Oserai-je vous demander...

Il n'a pas le temps d'achever ; le roc de l'Ombrade nous appelle. Nous allons y constater l'existence d'expansions trachytiques plus récentes que les sables de tout à l'heure, et celle de basaltes à structure porphyroïde qu'on rapporte à l'époque pliocène. Nous y avons aussi la preuve que les trachytes ont quelquefois coulé à la manière des basaltes, puisque plusieurs affleurements qu'on avait pris pour des filons ont été complètement détruits par l'exploitation, laissant à découvert la roche de sédiment sur laquelle ils reposaient.

Nous nous dirigeons ensuite vers la vallée d'Arpajon, mais ce ne sont plus des phénomènes plutoniens qui nous attirent. C'est d'abord, la formation argileuse, dépourvue de fossiles, de l'époque éocène, et c'est aussi la moraine dont la présence atteste que la vallée a été occupée par un glacier.

Tout le monde sait, en effet, qu'on entend par moraines, les amas de pierres, de rocs, de débris que les glaciers poussent en avant et de chaque côté de leur route, pendant qu'ils glissent sur les pentes du ravin ou du val dans lequel ils se sont formés.

Celle-ci barre toute la vallée de la Cère, à la hauteur de Carnéjac. Elle a été coupée en deux endroits, une fois par le travail des eaux pour ouvrir un lit à la rivière, une autre fois par la main des hommes pour livrer passage à la voie ferrée. On y retrouve des blocs arrachés à toutes les espèces de roches qui sont en amont de la vallée. Ces blocs, parfois fort gros, sont reliés par une sorte de ciment, véritable boue glaciaire.

Je ne sais si je me trompe, il me semble que « Monsieur et cher Collègue »..., ces mots reviennent à tout moment sur les lèvres de notre cicérone avec une onction particulière. Il les prolonge, il les savoure, il s'en gargarise, les yeux à demi-clos ; Monsieur et cher Collègue ! ce savant, cet illustre, je suis son collègue, moins illustre sans doute, mais savant aussi, je me trompe : aussi savant. Un mot mal placé suffit pour dénaturer le sens d'une phrase.

Il me semble, disais-je donc que « Monsieur et cher Collègue » raconte quelque chose que j'ai lu quelque part.

« Après la période des éruptions, les glaciers ont recouvert le massif du Cantal, ils ont nivelé toutes ces hautes saillies du grand cratère. Ils étaient dirigés vers l'ouest, occupaient une longueur de trente à trente-huit kilomètres et s'avançaient en dehors des terrains volcaniques.

« La fonte des glaciers engendra des torrents qui creusèrent des vallées profondes autour des volcans. On voit dans quelques-uns de ces sillons, au-dessous des basaltes, des bancs de cailloux roulés, des grès houillers, des murs de granits. »

Nous nous arrêtons ensuite à Vic-sur-Cère. C'est la ville basse que nous avons entrevue en allant à Aurillac, toute blanche au bord d'un ruisseau ; elle est moderne et sans intérêt. La ville haute est, au contraire, assez curieuse avec ses restes de fortifications et ses maisons fortes qui lui donnent un caractère tout particulier.

Sur les murs de l'église, des têtes d'animaux font des grimaces plus ou moins grotesques aux passants. Raoul et Roger leur en renvoient d'autres, les plus laides qu'ils peuvent. Ils continueraient volontiers ce jeu, mais ils sont forcés de nous suivre aux sources dont nous prenons le chemin après un coup d'œil donné d'en bas, aux ruines de Castel-Vieil, en train de crouler sur le faîte du rocher qui domine la ville.

Les eaux de Vic-sur-Cère sont froides, sodiques, carbonatées, ferrugineuses et contiennent une certaine quantité d'acide carbonique, preuve évidente de la « volcanicité » du terrain.

Pas de la Cère

Beaucoup d'anémiques de la force de Mme d'Esteil et de chloro-anémiques qui ne lui cèdent en rien, ni pour l'embonpoint, ni pour l'éclat du teint. C'est une station agréable, tout à fait à la bonne franquette ; on s'ordonne les eaux, on y vient et on boit tout ce qu'on peut absorber quand on a soif, et même un peu plus. C'est une espèce d'émulation : — J'ai bu dix verres, hier. — Moi douze. — Moi quinze ! et personne n'en souffre, car on ne voit que faces rougeaudes et fronts épanouis.

En suivant la route, nous ne tardons pas à entrer dans la gorge étroite appelée le pas de la Cère où nous recueillons de beaux échantillons de porphyre, non, d'andésite, ne confondons pas.

Les porphyres sont nombreux : si nous ne disions duquel il s'agit, on pourrait croire que c'est du mélaphyre, de l'argilophyre ou tout autre phyre, tandis que c'est du porphyre amphibolique appelé aussi andésite parce qu'il contient des cristaux d'andésine. L'andésine est la base des roches qui composent les montagnes de la chaîne des Andes, de là son nom. Ouf ! « Monsieur et cher Collègue, » la géologie est une belle science !

Une rude montée nous conduit au Pas de Mangudo, renommé pour les belles et nombreuses empreintes que la roche, une cinérite à pâte très fine, a conservées. Les plus nombreuses sont celles de feuilles de tilleul, d'aune et de sapin. Plus heureux qu'à l'Ombrade, nous faisons une ample récolte, puis nous regagnons la station de Vic-sur-Cère, nous montons en wagon et nous nous arrêtons au Lioran, pour la couchée.

La gare et une auberge incomplètement installée, mais où nous sommes très bien reçus, sont les seuls bâtiments de l'endroit.

Cette station prend son nom du puy Lioran ou Massabiau que

quelques géologues considèrent comme le centre du grand cratère de soulèvement du massif. Cette opinion est basée sur la nature des matières qu'on a rencontrées en perçant les deux tunnels qui font communiquer les deux vallées opposées de l'Alagnon et de la Cère.

Château de Saint-Etienne

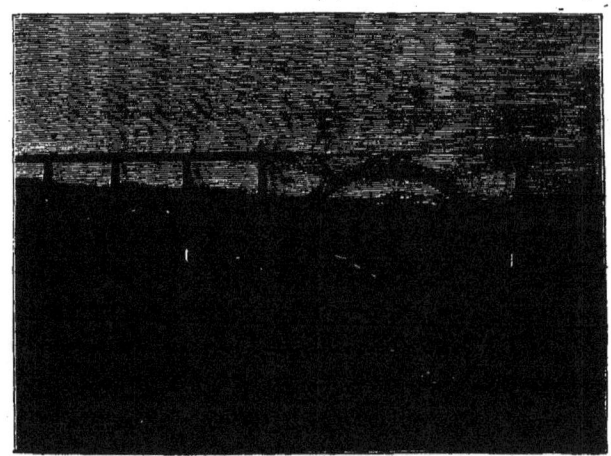

Pont de Garabi

CHAPITRE VIII

Nous nous étions arrêtés à Lioran pour gravir le Plomb du Cantal, cette ascension se fait en trois heures, aller et retour. Le guide Joanne le dit, la vieille femme qui se charge de nous conduire, le dit également ; moi qui l'ai faite, je n'oserais l'affirmer, tant cela m'a paru long.

D'abord, la route, comme si nous retournions à Vic, puis un sentier muletier où l'on ne cesse de marcher sur des pierres tranchantes que pour s'embourber dans des fondrières, puis un bois qui serait agréable si le chemin l'était.

En dépit de son ventre d'hydropique, notre vieille guide — qu'on me permette de féminiser le mot pour la circonstance — grimpe comme un chat, sur les pentes les plus escarpées, disparaît sous les branches, reparaît tout à coup au tournant du chemin et disparaît encore.

Elle me fait l'effet d'une des sorcières de Macbeth, cette vieille ! De la regarder, cela rend la route plus longue.

Des germandrées à grandes fleurs roses, embaument l'air, des pédiculaires, roses aussi, avec de grosses lèvres qui leur donnent un faux air de papilionacées, sont partout tapies dans l'herbe. Nous traversons une clairière pleine de gentianes jaunes, après laquelle le bois recommence moins touffu, et uniquement composé de sapins qui ne tardent pas à disparaître comme ont disparu les hêtres et les ormes. Nous entrons dans la région des pâturages ; des troupeaux de vaches paissent çà et là, sous la garde des fromagers des burons de Rambarter.

— Ah ! voici le Plomb. — Non, ce n'est pas lui. — Où est-il ?

La sorcière répète son geste fatidique, le bras tendu vers la droite.

Une âpre montée nous conduit au col d'Oran Berteil où le chemin devient horizontal et longe le ravin des Verryères.

— Cette haute montagne, de l'autre côté du col, c'est bien le Plomb, n'est-ce pas ?

— Non, on ne le voit pas encore. Et la vieille de trotter, en avant, d'un pas hargneux.

Les patients et les irrités la suivent de près, les autres s'égrènent à des distances plus ou moins grandes, une halte de la sorcière et la vue d'une source aux rives gazonnées de mousse, de saxifrages et de sedum rose, leur rendent cependant un peu d'énergie.

Après le col, nouvelle montée, beaucoup plus difficile, qui aboutit à un plateau grillé, aride et long ; cela ressemble à ces chemins des contes de fées qui s'allongent indéfiniment, sous les pas du voyageur ensorcelé. Avec cela, il commence à faire chaud ; le découragement s'augmente d'un véritable ennui.

On cueille de la réglise batarde que « Monsieur et cher collègue », un tantinet botaniste, dénomme *trifolium alpinum*, des gnaphales dioïques et des gnaphales germaniques, un peu d'arnica. On cherche en vain la gentiane acaule ; ses belles cloches dressées, d'un bleu éclatant, ne se montrent nulle part.

La sorcière indique une butte qui termine le plateau.

— Le voilà, le Plomb du Cantal.

Nous éprouvons le même étonnement désenchanté que les violettes à la vue du sous-préfet d'Alphonse Daudet.

— C'est ça, le Plomb du Cantal? Ah !

Cinq minutes à peine, nous séparent du sommet, cependant un certain nombre de touristes s'arrêtent et refusent de faire un pas de plus.

C'est trop loin. — Cinq minutes seulement !

— C'est trop haut. — Cinq minutes ! — Oui, c'est possible.

Ceux qui ne connaissent pas l'empire du respect humain, s'asseyent sur l'herbe rare, il en est que cette course a ennuyés au point qu'ils ne veulent même pas voir ce Plomb du Cantal après lequel ils ont tant soupiré, et lui tournent le dos.

Leur lassitude et la mienne me confirment dans une idée que j'ai conçue il y a longtemps, à savoir que de toutes les choses fatigantes, l'ennui est celle qui fatigue le plus.

Du haut de la montagne, nous jetons les yeux sur le paysage environnant : à l'est, le plateau de la Planèze, cette Limagne du Cantal, s'étend à perte de vue ; au sud-ouest, se creusent les vallées de la Cère et de la Jordane ; au nord-est, celle de l'Alagnon. Dans la direction du nord et du nord-ouest, court une chaîne de montagnes dont les points culminants sont le puy Griou, le puy Mary, la montagne du col de la Cabre. Au loin, les monts Dore bornent l'horizon.

Le Plomb du Cantal est placé au nœud de plusieurs chaînons volcaniques, séparés par des vallées dont les eaux s'écoulent vers le Lot, l'Allier et la Dordogne.

Les roches qu'on rencontre durant l'ascension, sont des trachytes de variétés assez nombreuses, tantôt en puissants filons, tantôt à l'état de tufs et de conglomérats. On voit aussi d'énormes dikes de basalte ; ce sont, si je puis m'exprimer ainsi, les racines de la calotte dont le sommet de la montagne est revêtu.

La descente pourrait s'effectuer par le même chemin, nous préférons affronter la pente difficile du ravin de Verryères, au dessous du col d'Oran Berteil, nous désirons examiner les filons d'obsidienne qui s'y trouvent, et qu'on avait tenté d'exploiter pour en fabriquer du verre.

L'obsidienne est une roche volcanique vitreuse, très rare en France, mais commune en d'autres contrées, notamment en Hongrie et aux îles Lipari.

En sortant du ravin, sur la route du Lioran, nous nous trouvons à l'entrée sud du tunnel, celle qui regarde la vallée de la Cère. Le tunnel des piétons, creusé il y a une trentaine d'années, est un peu à gauche et au-dessus de celui du chemin de fer. C'est une galerie voûtée parfaitement rectiligne, longue de quatorze cent dix mètres. La forme de l'ouverture est un trois-quarts d'ellipse. Des trottoirs sont ménagés de  chaque côté de la galerie que quarante lampes éclairent nuit et jour. On a placé à chaque extrémité deux abat-vent vitrés, en forme de demi-lunes, disposés de manière à se contrarier et à briser le courant d'air.

L'intérêt principal ou plutôt le seul intérêt de l'ascension du Puy-Griou, que nous fîmes le lendemain, est de pouvoir embrasser l'ensemble des traits géologiques du Cantal.

Du haut de l'étroite plate-forme qui termine la pyramide de phonolithe blanchâtre qu'on nomme le Griou, on découvre un premier cercle de montagnes, essentiellement trachytiques, à l'exception du Plomb du Cantal dans lequel le basalte s'allie, comme nous l'avons vu, au trachyte. Ces montagnes, les plus hautes du système, sont coupées presque à pic, sur celle de leurs faces qui regarde l'intérieur du cercle, mais du côté extérieur, elles offrent des pentes beaucoup plus douces, de sorte que leur ensemble figure, assez nettement, un cône volcanique. Ce premier cercle comprend le Plomb du Cantal, le Rocher, le Peyrou, le Puy Mary, le Chavaroche, le puy de la Poche, etc.

D'autres montagnes — le puy Gros, la Mouche, le puy Violent, le Primajou, etc, — essentiellement basaltiques, constituent une seconde enceinte circulaire, absolument concentrique à la première et représentant également une espèce de cône. Cette seconde enceinte est elle-même entourée par les granits du plateau, qui s'inclinent autour de sa base de manière à former l'espèce de fossé dans lequel ont dormi les lacs de l'époque tertiaire.

L'examen des coulées volcaniques a conduit un savant géologue d'Aurillac, M. Rames, à penser que les deux enceintes circulaires ne devaient pas correspondre exactement aux cratères des grands volcans qui ont, à deux reprises, couvert la contrée de roches ignées. Il a prolongé les pentes de ces coulées, il les a combinées et il est parvenu à déterminer la hauteur et la position de deux volcans dont l'un avait une altitude de deux mille cinq cents mètres et se dressait à l'ouest du Plomb du Cantal. Le puy Mary et le Chavaroche ne seraient que les témoins de cet immense cratère.

« Monsieur et cher collègue » s'emballe sur l'Albert Gaudry et le Saporta, les deux volcans idéaux de M. Rames, sur le paysage lunaire que représentent les deux cirques concentriques et escarpés dont je viens de parler, puis sur la divergence des cours d'eau et par conséquent des vallées qui étoilent le massif. Tout cet enthousiasme a pour objet d'amener une citation.

Les cheveux au vent, la tête rejetée en arrière, dans une pose de prophète, il embrasse d'un grand geste tout le plateau central et déclame d'une voix tonitruante :

— Oui ! si les deux pôles de notre pays, c'est-à-dire les centres auxquels sont coordonnées les parties du bassin de Paris d'un côté et du plateau central de l'autre, ne sont pas situés aux extrémités d'un même diamètre, ils n'en exercent pas moins des influences exactement contraires. L'un est en creux et attractif, l'autre en relief et répulsif. »

« Le pôle en creux, vers lequel tout converge, c'est Paris, centre de population et de civilisation. Le Cantal, placé vers le centre de la partie méridionale, représente assez bien le pôle saillant et répulsif. Tout semble fuir en divergeant, de ce centre élevé qui ne reçoit du ciel qui le surmonte que la neige qui le couvre pendant plusieurs mois de l'année. Il domine tout ce qui l'entoure et ses vallées divergentes versent leurs eaux dans toutes les directions. Les routes s'en échappent en rayonnant comme les rivières qui y prennent leur source. Il repousse jusqu'à ses habitants qui, pendant une partie de l'année, émigrent vers des climats moins rigoureux. »

« L'un de ces deux pôles est devenu la capitale de la France et du monde civilisé, l'autre est resté un pays pauvre et presque désert. Comme Athènes et Sparte dans la Grèce, l'un réunit autour de lui les richesses de la nature, de l'industrie, de la pensée ; l'autre, fier et sauvage, au milieu de son âpre cortège, est resté le centre des vertus simples et antiques et, fécond malgré sa pauvreté, il renouvelle sans cesse la population des plaines, par des essaims vigoureux et fortement empreints de notre caractère national. »

— Elie de Beaumont *scripsit,* me dit tout bas le vieux monsieur.

L'attention que nous avons apportée à cette récitation ne nous a pas empêchés de constater, comme fait général, ce que nous avions constaté comme fait particulier, en gravissant le Plomb du Cantal. Je veux parler du contraste que présentent le versant oriental et le versant occidental des montagnes. Tandis que le premier sur lequel ruissellent les eaux de pluie, se couvre d'une riche végétation, le second est aride et dépourvu de verdure, sauf dans le fond des vallées.

Nous retournons au Lioran par le chemin que nous avons suivi en montant et nous prenons aussitôt le chemin de fer pour rentrer à Murat. L'excursion du Cantal touche à sa fin, demain nous nous dirigerons vers le massif de l'Aubrac.

De *Murat à Saint-Flour,* beaucoup de trous dans mes souvenirs, la route était-elle donc sans intérêt ? Voyons un peu. Nos voitures contournent d'abord le Bredon sur la pente duquel nous cherchons en vain, l'entrée des cavernes de troglodytes dont il est, dit-on, creusé. Murat reste en vue jusqu'en haut de la route à courts lacets, qui, après une très courte descente, entre dans la Planèze. On appelle cette plaine

Eglise de Roffiac

le grenier du Cantal ; pauvre grenier ! où les seigles ne s'élèvent pas à la hauteur des avoines de nos régions, ou l'orge et l'avoine ne dépassent guère quarante centimètres et forment des touffes si espacées qu'on les croirait semées au plantoir.

Et pas un arbre, pas un buisson, c'est à peine si quelques sapins ou quelques hêtres mal venus, se montrent sur les hauteurs. Des alouettes, blotties entre les sillons, s'élèvent droit dans le ciel, de leur vol vertical; des corbeaux pillards rasent les guérets, leurs cris sont les seuls chants d'oiseaux qui réjouissent l'oreille du voyageur. On s'arrête pour faire boire les chevaux, à un petit village appelé Rofflac. Nous sommes déjà à dix-huit kilomètres de Murat, six kilomètres encore, et nous serons à Saint-Flour.

Pendant que les chevaux boivent, et les cochers aussi, nous nous promenons sur la place du village; nous y voyons une croix gothique ornée de l'image de saint Gal, patron du lieu, quelques pans de murailles, seuls restes d'un château important et une jolie église romane du XII° siècle qui servait de chapelle à ce château détruit.

La plaine, toujours la plaine, monotone et maigre malgré les efforts de la culture, puis un vaste hôpital, une grande promenade plantée d'arbres: nous sommes à Saint-Flour.

Eglise de Saint-Flour

La ville a été, dit-on, considérablement embellie, peut-être ne serait-il pas mal de l'embellir encore et d'en balayer un peu les rues. Nous la parcourons en courant, pressés par l'heure, c'est peut-être pour cela que nous n'en savons pas découvrir les charmes.

La lourde cathédrale et ses deux lourdes tours carrées, écrasent toute la ville de leur épaisse masse grise, augmentée de celle du palais épiscopal. A l'intérieur, l'église est divisée en cinq petites nefs sans transept. Sur la façade, ornée de trois portails, est sculpté un écusson portant trois A gothiques sur champ de gueules. La tradition veut que ces trois A soient ceux du mot Arabia, nom de la patrie supposée de saint Florus ou saint Flour qui porta l'évangile dans la contrée.

Nous repartons en hâte ; nous ne voulons pas manquer le train à Saint-Chély d'Apcher.

Nous descendons rapidement en laissant la ville sur la gauche, nous pouvons examiner, à loisir, les basaltes en colonnes carrées qui la supportent. C'est là Saint-Flour, le vrai, le pittoresque, le Saint-Flour des images, juché sur le dernier escarpement de la terrasse qui termine la Planèze. De ce côté, il est si haut dans le ciel que les tours massives de sa cathédrale en paraissent légères.

Après un long plateau, nous descendons jusqu'à la vallée de la Truyère que franchit le pont de Garabi, un des chefs-d'œuvre de l'art de l'ingénieur, le triomphe du fer.

Une seule arche de cent soixante-cinq mètres d'ouverture, et dont le sommet s'élève à cent vingt mètres au-dessus de l'étiage de la rivière, supporte le tablier de fonte, long de quatre cent cinquante mètres sur lequel reposent les rails de la voie ferrée. Et tout cela ajouré, léger à rayer à peine l'horizon, élancé, audacieux, à donner le vertige. L'œuvre a été conçue par M. Boyer, exécutée par M. Eiffel, le constructeur de la tour que l'on sait. La direction de la lumière ne me permet pas de prendre une photographie du pont, et je n'en trouve pas qui le représentent complètement achevé. J'en achète une, faite pendant que les travaux étaient en train.

— Un pont en pierre aurait coûté douze millions, le pont de fer n'en coûte que trois ; bonne opération, direz-vous et je vous répondrai : très mauvaise opération. L'entretien du pont de pierre était si peu de chose qu'il n'y avait pas à en tenir compte, et pour le pont de fer, il est si considérable que dans cinquante ans, toutes les pièces auront été remplacées, coût : trois millions. Si bien que dans un siècle il aura coûté six millions, douze dans deux siècles, dix-huit dans trois.

— Et qui vous dit, monsieur, que dans un siècle, les chemins de fer n'auront pas été supplantés par les ballons comme ils ont supplanté les diligences.

Ceci est un résumé de la conversation d'un des trois voyageurs en détresse, que nous avions recueillis à Garabi, le courrier n'ayant pu les amener dans sa voiture, déjà bondée avec cette science de la compression particulière aux conducteurs de voitures publiques.

Qui était ce monsieur ? Un habitant de Mende, certainement, puisqu'il nous le dit, mais qu'y faisait-il, était-il avocat, magistrat, notaire, instituteur, rentier ? Ses favoris en côtelette encadrant un menton un peu large et une bouche à lèvres minces, sa bonne élocution, ses connaissances variées, le classaient aussi bien dans l'une ou l'autre de ces catégories.

Le vieux monsieur l'interrogea sur Chaudesaigues ; le vieux monsieur emportait deux regrets de Saint-Flour. D'abord, il n'avait pas eu le temps de prendre son café — je n'ai pas eu le temps de prendre mon café ! Ce cri de désespoir par lequel il nous saluait, au cours, lorsqu'il était en retard, m'a toujours paru avoir trait à un café idéal et d'un sens tout mystique : je n'ai pas eu le temps de prendre mon café ! Jugez si j'étais pressé, il ne faut pas longtemps pour avaler une tasse de café, eh bion ! vous me croirez si vous voulez, je n'ai pas même eu ce temps si court.

L'autre douleur était plus forte, le vieux monsieur avait dû renoncer à nous suivre à Chaudesaigues où l'eau à 80°, coule dans les ruisseaux, toujours couverte d'un nuage de vapeur, où les habitants se chauffent l'hiver avec cette eau, amenée chez eux par des conduits de bois, où les sources dégagent en un seul jour, une chaleur égale à celle que donnerait la combustion de quatre mille cinq cents kilogrammes de houille.

— Il ne faut pas regretter Chaudesaigues, un trou humide où vous n'auriez rien vu.

Ce renseignement était donné par le second des abandonnés de Garabi, gros petit homme jovial, vêtu de la blouse de laine des habitants du pays, qui allait à Bagnols pour soigner ses rhumatismes. Il nous apprit qu'il était propriétaire et s'occupait d'arboriculture ; que les progrès de la civilisation avaient eu de la peine à pénétrer dans la région que nous parcourions ; — il en donnait pour preuve un déjeuner fantastique remontant à quelques années seulement ; — que le château de Lagarde, ancien fief des évêques de Mende, appartient à un général, fils de paysan, dont le frère habite encore une masure non loin du château — espérons qu'il se trompait ; — que les hautes pierres dressées aux deux bords de la route, sont mises là pour indiquer le chemin lorsqu'il est couvert de neige ; que les blocs de granit épars de tous côtés dans les maigres champs où paissent de chétifs troupeaux de chétives brebis, sont considérés dans le pays, comme des blocs erratiques, c'est-à-dire des blocs transportés par les glaciers à l'époque des périodes glaciaires.

Le troisième abandonné, un voyageur de commerce non moins

gros et non moins jovial que le rhumatisant, n'avait rien à dire du pays, mais il en avait tant à dire sur lui-même qu'il n'était pas réduit au silence, loin de là. Il commença par nous exposer pourquoi Malte-Brun lui paraissait supérieur à Reclus, puis en quoi il l'était lui-même au commun des voyageurs.

— Malte-Brun, ça s'apprend, ça se retient ; moi, je ne lis pas pour lire, pour m'amuser, je suis dans les affaires, eh bien, pendant que je fais mes affaires, je ne m'instruis pas, et si après, je lis des frivolités, des fadaises, des romans bons pour distraire les gens qui ne font rien, quand m'instruirai-je ? — jamais.

Le vieux monsieur lui offre une prise d'acquiescement.

— Oui, oui, oui ! il faut qu'un homme s'instruise, vous êtes dans le vrai, mon cher monsieur, absolument dans le vrai.

— Si je suis dans le vrai? Parbleu, bien sûr, que j'y suis. Voyez-vous, moi, il ne me faut pas longtemps pour reconnaître ce qui est vrai et ce qui est bien. Tenez, là-bas, cette espèce de fil d'araignée tendu au bout du plateau, c'est Garabi. Vous ne pouvez pas vous imaginer ce qu'il y vient de visiteurs. Ils répètent tous : c'est beau ! et je parie qu'il y en a neuf sur dix qui ne savent pas ce qu'ils ont vu. Moi, je n'ai pas besoin d'être du métier pour comprendre ; j'ai regardé et j'ai dit : c'est vraiment beau, ça. Cette fonte, ces boulons, ces grandes colonnes qu'on dirait faites avec des tringles grosses comme le doigt, cette arche qui a l'air de poser sur rien du tout, ces escaliers qui grimpent dans les colonnes, tout ça, ça n'a pas l'air de tenir et ça tient. C'est vraiment beau !

Nous arrivons à Saint-Chély. Cette localité est bien déchue depuis le temps où les anglais durent lever le camp sans avoir pu s'en emparer. Les voitures s'arrêtent devant la gare, nos compagnons de rencontre nous remercient d'avoir bien voulu les recueillir et nous nous séparons.

Pas pour longtemps, l'homme qui aime à s'instruire dans les loisirs que lui laissent les affaires de la maison de Nîmes qu'il représente, et le gai rhumatisant nous cherchent et nous retrouvent.

— C'est, dit le dernier à Suzanne, qu'on n'a pas toujours le plaisir de voyager avec des personnes aimables, gracieuses et qui sachent causer.

Il lui raconte alors les superstitions dont les pierres branlantes qu'on voit sur les montagnes, au nord de Saint-Chély, étaient naguère l'objet, il ne voudrait pas jurer qu'elles ne fussent pas encore consultées actuellement sur les honorabilités douteuses et sur les innocences suspectées. Il lui fait remarquer l'aridité des hauteurs de la Lozère et lui apprend le dicton : « il n'est misère que de Lozère ». Misère agricole s'entend, car le département est riche minéralogiquement parlant.

Là, il fut interrompu d'un côté par le professeur qui avait  traité avec des cochers pour nous conduire à Chaudesaigues, de l'autre par le sifflet de la locomotive annonçant le départ du train dans lequel il devait monter avec ceux qui allaient à Mende. On se serra la main, car les connaissances se font vite en voyage et l'on se tourna le dos définitivement.

Comme je l'ai dit tout à l'heure, le vieux monsieur ne nous accompagnait pas à Chaudesaigues, il s'en allait par Mende, vers je ne sais quelle destination, pour ses affaires ou son plaisir, et c'était autant pour lui faire un bout de conduite que pour voir le pont de Garabi, la merveille du fer, comme on dit dans le pays, que nous avions poussé une pointe jusqu'à St-Chély d'Apcher, au lieu de prendre tout droit par la route ordinaire.

Double profit pour nous, en somme, car nous nous étions séparés plus tard d'un agréable compagnon et retournant à Saint-Flour par l'autre chemin, il nous était permis de voir l'Aubrac sous plusieurs de ses aspects.

Nous descendions bien que par une pente assez faible pour permettre aux chevaux de trotter sous la protection des enrayages. Bientôt nous traversâmes le Chapouillet, ruisseau formé de la Mélagaza et du Cros, puis laissant à notre gauche, la Faye Saint-Julien, nous quittâmes le bassin de la Truyère pour entrer dans celui du Bès.

Une petite côte et nous sommes à Ternes dont le haut clocher domine la campagne, puis nous recommençons à descendre. Nos cochers nous désignent du bout du fouet la tour de Montalayrac et le château de Fournels, ils nous nomment la Bédaule, affluent du Bès dont la route suit alors la vallée.

Le jeune homme myope — emporté par mon intérêt pour le roman dont je sentais les péripéties se dérouler dans la famille du professeur, je n'ai pas dit un mot de lui depuis les mines d'asphalte — le jeune homme myope écrivait sous la dictée des automédons, notant avec soin les distances, l'altitude, la population, les coutumes antiques conservées par les pâtres du haut pays de l'Aubrac.

Sur ce plateau limité par d'affreux précipices, on ne voit ni villages, ni hameaux. Seuls quelques groupes de burons sont épars çà et là, abritant des troupeaux dont on évalue l'ensemble à trente mille têtes de bétail à cornes et quarante mille brebis.

Des fêtes renouvelées parfois de celles du paganisme réunissent sur quelques points, les habitants de ces contrées sauvages. Le deuxième dimanche de juillet, c'est autour de l'étang de Saint-Andéol que la superstition les conduit.

Ils s'y baignent pour se guérir de leurs maux, jettent dans les eaux des offrandes et les vêtements des malades qui n'ont pu venir, comme si quelque divinité bienfaisante faisait là sa demeure et pouvait exaucer leurs vœux.

Quelques dolmens encore debout au milieu des pâturages, sont l'objet d'autres superstitions; la plupart ont reçu le nom de grottes de fées. Nous n'en aperçûmes aucun en suivant la route encaissée dans les gorges abruptes que le Bès s'est creusées.

A Anterrieux, nous ne sommes plus qu'à mille mètres d'altitude; nous descendons toujours, et après avoir franchi un dernier ruisseau, le Remontalou, nous voyons devant nous, un gros nuage de vapeur sous lequel Chaudesaigues se dérobe encore à nos yeux.

Certes, ce n'est pas l'image d'une rigoureuse propreté qu'offre Chaudesaigues, mais, il est difficile à une ville enfouie sous la buée de ses sources, de se débarrasser des moisissures, des déliquescences et des parfums plus ou moins désagréables qui se dégagent des demeures humaines.

Quatre cent cinquante maisons composent l'humble cité qu'un millier de baigneurs environ, fréquentent dans la saison d'été.

Elle s'était jetée à genoux, les mains tendues vers son fils

La vertu de ses eaux salines, iodo-bromurées et arsénicales, était connue au temps des romains ainsi que l'attestent les ruines d'anciens bains.

Le pays est assez beau aux alentours pour attirer les visiteurs de plus loin que des villes voisines si les trois établissements étaient à la fois mieux tenus et mieux aménagés.

Il ne reste que le souvenir des fortifications qui n'empêchèrent pas Chaudesaigues d'être prise par les anglais au xiii° siècle et par les protestants trois cents ans plus tard ; son église qui offre quelques fenêtres du style ogival flamboyant et dont le chœur est la partie la plus ancienne, nous retint quelques instants à peine ; le mode de chauffage employé par la majeure partie des habitants nous parut beaucoup plus intéressant.

De la source du Parc, la plus chaude, celle qui a 80° centigrades et va se jeter dans le Remontalou, partent des conduits qui amènent l'eau au rez-de-chaussée des maisons où elle est reçue dans de petits canaux en maçonnerie communiquant avec un bassin intérieur recouvert d'une dalle mobile. L'eau se répand dans le bassin, échauffe le pavé, puis s'écoule et va plus loin.

On règle à volonté l'afflux de l'eau et par conséquent la température, qui peut s'élever à 26° centigrades dans les maisons.

Dans ces eaux presque bouillantes croissent un fucus d'un vert éclatant et la trémelle.

Nous prîmes le lendemain la route directe de St-Flour qui décrit d'abord d'assez nombreux zigzags dans la vallée du Remontalou, puis atteint les bords relativement riants de la Truyère et suit ensuite la rive gauche d'un torrent qui roule entre des escarpements menaçants et des rochers sourcilleux dressés au bord de précipices dont on n'aperçoit pas le fond.

Près de la roche d'Aulliac, nous vîmes un dolmen renversé, la table du Loup, dont personne ne put nous apprendre la légende, nous passâmes Ribeyre-Vieille, Boussoles, et gravissant toujours entre des montagnes de 1009 à 1045 mètres de hauteur, nous arrivâmes au plateau de basalte qui porte la ville de Saint-Florus.

Nous ne fîmes qu'un court arrêt à St-Flour avant de retour-

Saint-Flour

ner à Murat où nous trouvâmes André Savenay qui nous attendait.

Il nous interrogeait avec beaucoup d'animation sur notre course, parlait, discourait, paraissait à cent lieues de toute autre pensée.

M. Pagès souriait doucement à cette loquacité ; observant du coin de l'œil Mlle Suzanne qui paraissait attendre des nouvelles plus intéressantes. Il interrompit le causeur et ne le surprit pas peu en le remerciant d'avoir instruit Suzanne de ce qui concernait son fiancé.

— Vous auriez peut-être mieux fait, ajouta-t-il, de ne point vous cacher du vieil oncle ; je serais en droit de vous faire des reproches à tous les deux.

André rougit comme un écolier pris en faute, il balbutia quelques mots inintelligibles, Suzanne eut un regard et un geste de protestation.

— Mon oncle ? dit-elle.

— Je sais, tu m'as déjà conté tout cela. Marie était avec nous et elle n'a jamais eu de sympathie pour Jacques ; elle avait été des premières à partager les soupçons de ton père. Sois tranquille, je ne le gronderai pas.

Nous vous écoutons, monsieur, hâtez-vous de nous éclairer sur la fin du pauvre garçon que nous regrettons tous.

Savenay n'ajouta rien de bien saillant à ce que le vieux monsieur m'avait appris, sauf ce qui avait trait à la conduite de Jacques à l'armée, à son rapide avancement, au brillant avenir que le jeune homme pouvait espérer et que la mort avait brisé.

Il remit à M. Pagès une liasse de lettres qu'il avait apportées pour Suzanne : celles que Jacques lui avait écrites depuis son départ, lettres toute pleines du souvenir de sa chère Ninette.

« Les morts vont vite » ! Ces paroles de la ballade me montèrent au cœur malgré moi, tant Suzanne et Savenay laissaient percer, sous leur tristesse, la satisfaction qu'ils éprouvaient à se revoir ; je faillis les prononcer tout haut, lorsqu'André demanda d'un ton tranquille : — A propos, d'où vous vient ce nom de

Ninette? et qu'elle sourit en répondant : — C'est un diminutif, Suzanne, Suzannette, Suzanninette puis Ninette.

M. Pagès me paraissait le plus douloureusement affecté des trois, sans doute qu'à son âge, il n'entrevoyait pas de consolation dans l'avenir ; l'horizon des vieillards n'a pas de lueurs roses.

Il se taisait, la tête penchée, réfléchissant. Le sujet de ses réflexions ne tarda pas à nous être révélé.

— Evidemment, dit-il, il y avait un coupable, Jacques n'a-t-il jamais soupçonné personne?

— Si ! un polonais, un certain Dobrowski, employé aux manipulations, qui avait disparu peu de temps auparavant d'une manière mystérieuse.

— Un grand blond, m'écriai-je, un homme qui peut avoir maintenant trente-cinq à trente-six ans, une figure efféminée, encadrée d'une barbe molle et rare.

— Le connaîtriez-vous ?

— S'il répond à ce signalement, c'est le même homme que mon père fait rechercher pour abus de confiance. Dobrowski quand il est polonais, Ludin quand il est scandinave, le baron de Eisenfeld quand il est autrichien et très probablement Hans Kaufmann quand il est tout bonnement lui-même, c'est-à-dire un assez vilain personnage.

— Eisenfeld! reprit André, Jacques ne s'était donc pas trompé; ce nom est bien celui de l'individu qu'il a rencontré à Marseille. Croyant le reconnaître, il l'a abordé en l'appelant Dobrowski ; le soi-disant baron n'a pu s'empêcher de tressaillir tout en protestant que Jacques était abusé par une ressemblance.

Mon pauvre ami rejoignait son corps, il ne pouvait s'arrêter et quand j'ai pris, à sa demande, des informations à Marseille, je n'ai rien pu apprendre du prétendu M. de Eisenfeld. Il n'y a sans doute pas d'indiscrétion à vous demander quelques détails de plus sur cet homme.

— Certainement non, et je serais heureux de vous en fournir de plus précis. Chez nous, il se donnait pour russe et se faisait appeler Iline. C'était un employé modèle ; instruit, exact, consciencieux, zélé même, il était devenu en quelque sorte, l'homme de confiance de mon père. Il nous annonça un jour qu'il était obligé de rentrer en Russie et nous exprima de vifs regrets de quitter à la fois la France et notre maison. Très peu de temps après, la place était inondée de produits analogues aux nôtres portant notre marque de fabrique et qui ne sortaient pas de nos ateliers.

Le contrefacteur prétendit avoir acheté de bonne foi, les brevets d'un certain Iline, sujet russe ou se disant tel.

Nous n'avons pas encore rattrapé l'individu, mais nous connaissons une partie de ses avatars et de ses prouesses, comme je vous le disais tout à l'heure, nous avons tout lieu de croire que c'est un certain Johannes Kaufmann, major dans l'armée de réserve allemande.

— Et... espion, interrompit monsieur Pagès.

— Espion, si vous voulez, mais espion industriel. Il était commissionné par une maison de son pays, pour étudier nos procédés de fabrication, prendre connaissance de nos brevets et, au besoin, contrefaire notre marque de fabrique.

Il s'est acquitté consciencieusement de sa mission dont notre contrefacteur de bonne foi, l'a consciencieusement récompensé. Malheureusement, le baron de Eisenfeld a manqué de prudence et ses exploits pourraient bien avoir un terme prochain.

— Nous réhabiliterons Jacques, s'écria Suzanne.

Elle s'était tournée vers André, les yeux brillants de joie. Son exclamation était toute naturelle et il n'y avait certainement pas lieu d'en ressentir aucun trouble ; elle se repentit, pourtant, d'avoir parlé avec tant de vivacité, car elle rougit en disant timidement à son oncle :

— N'est-ce pas, cher oncle, que M. Savenay doit faire tous ses efforts pour réhabiliter Jacques ?

— C'est un devoir pour nous tous, mon enfant, répondit le professeur.

Il avait sans doute appris de sa nièce comment je m'étais trouvé mêlé involontairement aux évènements suscités par la rencontre d'André, puisqu'il m'avait retenu au moment où j'allais me retirer par discrétion, et, coïncidence singulière, j'étais justement plus en position que personne d'aider les amis de Jacques Savenay dans leur œuvre de justice.

André sollicita l'honneur d'être présenté à mon père, dès que nous serions de retour à Paris. Je répondis, comme il convenait, que mon père serait enchanté de connaître M. Savenay et qu'il se ferait un plaisir de conférer avec lui ; que, pour ma part, je me mettais entièrement à sa disposition et à celle de M. Pagès.

André était dépositaire de tous les papiers du mort, parmi lesquels il avait trouvé une pièce qui nous parut à tous fort importante. C'était un brouillon de lettre de la main de Dobrowski ; les termes en étaient assez ambigus pour n'offrir aucun sens coupable à ceux qui ne connaissaient rien de l'affaire du fulminate ; pour nous, ils jetaient un jour inattendu sur quelques points obscurs de cette malheureuse affaire.

Il fut convenu qu'André communiquerait à mon père tous les

documents qu'il jugerait propres à faire aboutir les poursuites commencées. Tout était dit sur ce sujet, du moins tout ce qui pouvait en être dit devant des étrangers, la conversation tourna à la banalité ; on parla du hasard qui avait fait monter Savenay dans le même wagon que M. Pagès, à Melun, de celui qui m'avait amené au bord de l'Alagnon pour aider le vieux monsieur à secourir Suzanne — celui-là n'était peut-être pas tout à fait un hasard, mais je ne crus pas devoir le dire, — puis de celui qui avait rendu mon père victime du même fripon dont la faute avait perdu Jacques Savenay.

Le temps dont chacun de nous disposait, s'était écoulé rapidement dans nos pérégrinations et nous nous trouvions dans la situation de ces enfants dont la gourmandise excède l'appétit. Notre désir n'était qu'à moitié satisfait, puisqu'ayant rêvé de parcourir le plateau central tout entier, nous devions nous séparer après n'avoir étudier que les seuls départements du Puy-de-Dôme et du Cantal.

Heureusement qu'ils nous offraient un ensemble très suffisant pour diminuer nos regrets.

A Clermont, le professeur nous dit adieu ; il allait passer quelques jours chez la sémillante Madame Deschamps et remettre les jeunes d'Esteil aux mains de la comtesse.

Suzanne eut un instant d'hésitation en disant au revoir à Savenay. Son regard disait le désir qu'elle avait d'inviter le jeune homme à les suivre, elle et le bon oncle, son sourire laissait deviner qu'elle craignait les remontrances.

M. Pagès ne comprit pas ou ne voulut pas comprendre la muette supplique ; il serra la main d'André en lui disant qu'il comptait le revoir prochainement à Paris.

Pour moi, je conservais de ce voyage la double satisfaction d'avoir visité avec fruit une des régions les plus intéressantes de notre pays de France, celle qui fut son berceau, et d'être entré en quelque sorte dans l'intimité du professeur et de sa famille.

FIN

TABLE DES MATIÈRES

CHAPITRE PREMIER
DE PARIS A CLERMONT
                                                                    Pages
On présente les excursionnistes au lecteur. — Un compagnon inattendu. — Rêve d'ignorant, théorie de savant. — De quoi traite la géologie. — Origine de l'Univers, théorie de Laplace. — Géographie géologique de la France. — Epoques géologiques. — Terrains. — Arrivée à Clermont. — La seconde nièce du professeur. — Invitation imprévue. — Conversation surprise 1

CHAPITRE II
CLERMONT, ROYAT, THIERS

Sainte-Allyre. — Mésaventure de Raoul. — Clermont et sa cathédrale. — La grotte Saint-Mart. — Danger de Cara et douleur de Mme d'Esteil. — Solfatares, mofettes et failles. — Établissement thermal de Royat. — Source Sainte-Eugénie. — La grotte des Sept-Sources. — Eglise de Royat. — On parle encore de Jacques. — Ascension du Gravenoire. — A quoi tient la fertilité de la Limagne. — Route de Thiers. — Le Puy de la Poix. — Origine des bitumes. — Où le jeune homme myope intervient. — Thiers. — Le Puy de Montoncel. 35

CHAPITRE III
LE PARIOU, PONTGIBAUD, VOLVIC

En route pour le Pariou. — Une découverte de Jean. — Curieux spectacle. — Une cheire. — Dans le brouillard. — Séparation. — Cheire du Puy de Côme. — Pontgibaud et ses mines. — Carrières de Volvic. — Chez Mme Deschamps. — Mystère ! — Comment les dames ont terminé leur excursion au Pariou. — Une singulière aubergiste. — Fontanas. — Encore Clermont ; ses musées, son jardin botanique. — Confidences interrompues. 71

CHAPITRE IV
MONTFERRAND, GERGOVIE, LE PUY DE DÔME

Notre-Dame du Port. — Montferrand. — Excursion à Gergovie. — On retourne au Pariou. — Nouveau danger de Cara. — La Somma et le Vésuve actuel. — Descente du Pariou. — L'école de tir. — Amabilité du capitaine. — Le Puy-de-Dôme. — Le Clierzou. — Des volcans; leur origine. — Déjeûner d'adieu. — Les toasts. — Les champs de Pouzzolanes. — Le Puy de la Vache et de Lassolas. — Lac d'Aydat. — Randanne. — Dernier regard sur les Monts-Dômes. — Roche Tuilière et roche Sanadoire. — Lac de Guéry 97

TABLE DES MATIÈRES

CHAPITRE V

LE MONT-DORE, LE SANCY, LE PAVIN

Pages

Mont-Dore-les-Bains. — La nostalgie des eaux. — Origine des sources thermales, thermo-minérales et minérales froides. — A quoi expose la célébrité. — Un adversaire de Laplace. — Le rocher du capucin. — La cascade du Plat à Barbe et de la Vernière. — Le Salon de Mirabeau. — La Bourboule et ses sources. — Manière d'écouler un livre. — Ascension du Puy de Sancy. — Vallées du Mont-Dore. — — Les burons. — Encore Jacques. — Aventure d'une grosse dame et d'un petit âne. — Mine d'alunite. — Cascade du serpent. — Source de la Dogne. — De l'inconvénient de monter à cheval en robe de soie. — Le bouquet de Martagons. — Au sommet du Sancy. — Il faut payer. — Un homme exhubérant. — Deux vraies Auvergnates. — Géologie des Monts-Dore. — Descente à Vassivières. — Légende de la vierge noire. — Le lac Pavin. — Où l'on voit qu'il ne faut jamais confier à d'autres les choses auxquelles on tient. 125

CHAPITRE VI

BESSE, VALLÉE DE LA COUZE: CHAMBON, MUROL, SAINT-NECTAIRE

Explication franche et réconciliation pleine de franchise. — Gardée à vue. — Besse. — Les grottes de Jonas. — La vallée de Chaudefour. — Vallée de la Couze. — Chambon; son lac. — La Dent du Marais. — Le Tartaret. — Murol et son château. — Sous les pins. — Légende du Saut-de-la-Pucelle. — Cavernes de troglodytes de Châteauneuf. — En revenant de Suresnes. — Saint-Nectaire-le-Haut, ex-Cornadore. — Un Dolmen. — Saint-Nectaire-le-Bas. — Pont et cascade de Saillans. — Dikes. — La Rochelongue. — Montaigut-le-Blanc. — Menhir de Champeix. — Discrétion du vieux monsieur. — Cela tourne au mélodrame. — Adieux à Mme Deschamps. — La majeure partie des excursionnistes retourne à Paris, les autres se dirigent vers le Cantal. — De Coudes à Arvant. — Le bal de la fête. . . 163

CHAPITRE VII

LE CANTAL: MURAT, AURILLAC, PAS DE LA CÈRE

Savenay nous quitte. — D'Arvant à Murat. — Murat. — Orgues de Bonnevie. — Pourquoi les basaltes sont prismatiques. — Chapiteau de Chastel. — Le chasse-neige et la Cantaloise. — Le Bredon. — Laveyssière. — Un intérieur auvergnat. — Mine de lignite. — Terrible nouvelle. — Embarras du vieux monsieur. — J'apprends enfin qui était Jacques Savenay. — Une triste histoire. — De Murat à Aurillac. — Château Saint-Etienne. — Le Puy de Gourny. — Un géologue distingué. — La Moraine d'Arpajon. — Les anciens glaciers du Cantal. — Vic-sur-Cère et ses eaux ferrugineuses. — Le Pas de la Cère. — Le Pas de Mangudo . . . 191

CHAPITRE VIII

ENCORE LE CANTAL, LA PLANÈZE ET ST-FLOUR, L'AUBRAC

Ascension du Plomb du Cantal. — Notre guide. — Tunnel de Lioran. — Ascension du puy Griou. — Géologie du Cantal. — Opinion de M. Rames. — La Planèze. — Rofflac. — Saint-Flour. — Pont de Garabi. — Propos de route. — L'Aubrac. — Chaudesaigues. — Retour à Murat. — Savenay reparaît. — On se sépare. . . 219

OUVRAGES DE LA MÊME COLLECTION IN-4 ÉCU

SIXTE DELORME

LE TAMBOUR DE WATTIGNIES

MAD ET TOBIE

F. MÉAULLE

LE ROBINSON DES AIRS

LE PETIT AMIRAL

PETITE NAGA

MAURICE BARR

MÉMOIRES D'UNE POULE NOIRE

PAUL COMBES

LE SECRET DU GOUFFRE
AVENTURES D'UN CHASSEUR D'INSECTES

M. MIALLIER

TOUS LES CINQ
Préface de M. SULLY-PRUD'HOMME, de l'Académie française

EDOUARD LABESSE ET H. PIERRET

NOTRE PAYS DE FRANCE
FLEUR DES ALPES
(SAVOIE)

LE ROI DU BINIOU
(BRETAGNE)

EN CHEMINANT
(AUVERGNE)

SUITE DE LA COLLECTION IN-4 ÉCU

OUVRAGES DE M. ÉMILE DESBEAUX

COURONNÉ PAR L'ACADÉMIE FRANÇAISE

LE JARDIN DE MADEMOISELLE JEANNE
(Botanique du vieux jardinier)
Médailles de la Société protectrice des Animaux et de la Société pour l'Instruction élémentaire

LES POURQUOI DE MADEMOISELLE SUZANNE
Préface de Xavier MARMIER, de l'Académie française

LES PARCE QUE DE MADEMOISELLE SUZANNE

LES DÉCOUVERTES DE MONSIEUR JEAN
(La Terre et la Mer)

LES IDÉES DE MADEMOISELLE MARIANNE

COURONNÉ PAR L'ACADÉMIE FRANÇAISE

LES PROJETS DE MADEMOISELLE MARCELLE
ET LES
ETONNEMENTS DE M. ROBERT

LA MAISON DE MADEMOISELLE NICOLLE
Médaille d'honneur de la Société Nationale d'Encouragement au Bien

LE SECRET DE MADEMOISELLE MARTHE
Médaille d'honneur de la Société d'Éducation et d'Instruction populaire

L'AVENTURE DE PAUL SOLANGE

M. DE BELLOY

CHRISTOPHE COLOMB
ET LA DÉCOUVERTE DU NOUVEAU MONDE
Compositions par Léopold FLAMENG

CICA, LA FILLE DU BANDIT
Compositions et texte de Henri BACON

Envoi Franco sur demande du Catalogue illustré.

www.ingramcontent.com/pod-product-compliance
Lightning Source LLC
Chambersburg PA
CBHW070522170426
43200CB00011B/2296